Vorwort

Wenn Väter über ihren Nachwuchs sprechen, dann haben sie oft ein Leuchten in den Augen. Ob es um einen witzigen Spruch aus Kindermund geht, um unerwartete Entwicklungsschritte oder anrührende Momente, wie sie der Alltag mit Kindern immer wieder bietet.

„Mein Papa und ich!“ möchte auf unterhaltsame Weise Vatersein heute beleuchten:

- Wie verbringen Väter die Zeit mit ihren Kindern am liebsten?
- Was möchten Väter anderen Vätern gern weitergeben?
- Wie überbrücken Väter die oft bestehende Kluft zwischen Job und Familie?
- Was meinen Mütter zum Thema Väter?
- Und wie denken Kinder über ihren Papa?

Um möglichst viele verschiedene Meinungen und Stimmen erfassen zu können, startete der Mehr Zeit für Kinder e.V. einen bundesweiten Aufruf an Familien, sich mit Zuschriften und Fotos an diesem Buch zu beteiligen. Die Resonanz war enorm. Und so zeigen viele bunte Bilder „von Familien für Familien“, wie Vater und Kind(er) gemeinsam lachen, gemeinsam spielen, werkeln oder schmusen.

Ein Dankeschön an alle Familien für die zahlreichen Zuschriften, auch wenn leider nicht jede Eingang in das Buch finden konnte.

Seit vielen Jahren fördert der Verein Mehr Zeit für Kinder das Miteinander von Eltern und Kindern: Er gibt Bücher und Broschüren heraus, macht mit Plakatkampagnen auf die Belange von Familien aufmerksam und ermöglicht durch Mitmach-Veranstaltungen fröhliches Toben auf Messen, Landestagen und in deutschen Urlaubsregionen.

Wir wünschen Ihnen viel Spaß beim Blättern und Lesen. Und vielleicht erkennen Sie sich in mancher Situation wieder …

Ihr Mehr Zeit für Kinder e.V.

Mehr Zeit für Kinder

Wir danken den folgenden Unternehmen für ihre redaktionelle Unterstützung, die die Finanzierung des Buches ermöglicht hat: AachenMünchener, Deutsche Bahn, Fischer Technik, Graupner, Haba, Ravensburger, Märklin, Mega Bloks und Rolly Toys.

Inhaltsverzeichnis

Jörg Pilawa
S. 112

Marc Terenzi
S. 114

Pierre und Julia Franckh
S. 116

Die Zeitnot der Väter

von Dr. Jan-Uwe Rogge

„Ich wollte alles anders machen als mein Vater", erzählt Ronald Schäfer, Vater von zwei Kindern, „wollte nicht so werden wie er. Einfach mehr Zeit haben, mich mehr um die Kinder kümmern." Er zuckt mit den Schultern. „Gut, ich war bei der Geburt mit dabei, habe mich in den ersten Wochen schon sehr bemüht. Danach hat sich alles eingeschliffen. Meine Frau ist zu Hause geblieben. Ich musste mich um die Arbeit kümmern. Geändert hat sich nichts. Ich glaube, ich bin wie mein Vater … nur noch schlimmer. Manchmal komme ich mir wie ein Fremdling, wie ein Eindringling in meiner Familie vor."

Jürgen Rahmann mit Sohn Erik, 2 Jahre, aus Solingen

Ein anderer Vater ergänzt: „Ich mag's kaum sagen. Ich mag meine drei Kinder, bin gerne mit ihnen zusammen. Aber ich finde meinen Beruf auch toll, dort tanke ich Kraft, und deshalb kann ich mich auch den Kindern so widmen." „Aber", wirft Joachim Wild, Vater zweier pubertierender Töchter, vehement ein, „du bist sowieso der letzte Trottel. Wenn du Kinder erziehst, schauen dich alle, schauen dich deine Arbeitskollegen verdammt komisch an. Irgendwo stehst du mit anderen in Konkurrenz, weil du denen ein schlechtes Gewissen machst. Nun arbeitet meine Frau auch. Wir teilen uns die Kindererziehung, aber auch das gibt Stress. Mit der Frau und den Kindern. Wenn ich dann etwas mache, was meiner Frau nicht passt, zischt sie: 'Wie dein Vater früher!' Dann fällt mir nichts mehr ein."

Diese Ausschnitte aus einer Gesprächsrunde umschreiben Probleme, die der Volksmund plastisch zusammenfasst: Vater werden ist nicht schwer, Vater sein dagegen sehr. „Väterlichkeit" – so ein Begriff des Familientherapeuten Bert Hellinger – im Alltag zu leben, heißt Widersprüche zu erkennen und auszuhalten.

Obgleich Männer häufig darauf verweisen, wie bedeutsam die Familie für ihre Identitätsfindung ist, so hat der Beruf doch für viele absolute Priorität. Zudem ist die Arbeitswelt stark auf Männer zugeschnitten. Das macht es Frauen wiederum schwer, eigene berufliche Bedürfnisse zu verwirklichen. Die fehlende Vereinbarkeit von Arbeits-

und Familienleben endet für manche Väter in einem Teufelskreis: Weil sie sich zu Hause ausgeschlossen fühlen oder selber ausgrenzen, fliehen sie in den Beruf. Damit vergrößert sich der Abstand zur Familie. Verunsicherungen, Gefühle von Wert- und Hilflosigkeit und Eifersucht auf die innige Mutter-Kind-Beziehung sind nicht selten die Folgen.

Gleichwohl sind viele Väter doch bereit, Erziehungsverantwortung für ihr Kind zu übernehmen. Das bringt widersprüchliche Erfahrungen mit sich, denn solch ein Verhalten wird bis heute auch kritisch, ja sogar misstrauisch beäugt – von Kollegen und Freunden, Nachbarn und Geschlechtsgenossen.

Und auch manche Mutter empfindet die väterliche Umorientierung als einen Eingriff in den eigenen Wirkungskreis, empfindet den „neuen Mann" als Konkurrenten. Die verstärkte Einbeziehung des Vaters in Familienerziehung führt nicht automatisch zu besserer Arbeitsteilung und mehr Harmonie, sondern kann mit Stress und Auseinandersetzung verbunden sein. Absprachen und verlässliche Arrangements zwischen Mann und Frau sind dann notwendiger denn je. Erfährt der Mann keine Bestätigung seiner Veränderung – Hellinger spricht von einer „inneren Würdigung" –, ist ein Rückfall in altbewährte Verhaltensmuster nicht auszuschließen. Der Mann kehrt der Familie den Rücken, flieht aus der Erziehungsverantwortung zurück in den Beruf, weil er dort in seinen Fähigkeiten angenommen wird und schneller Bestätigung findet.

Um zu einer von gegenseitigem Respekt und Akzeptanz getragenen Erziehungshaltung zu kommen, sind praktische Absprachen zwischen Vater und Mutter unverzichtbar.

Für Väter gilt dabei:

- Handeln und das Umsetzen von Ideen sind wichtiger als ständiges Nachdenken darüber, was zu tun ist. Sich nur allgemein vorzunehmen, zukünftig mehr Zeit für die Kinder zu haben, ist genauso abstrakt wie der Vorsatz, den Kindern jeden Abend eine Geschichte vorzulesen. Praktikabler und ermutigender kann es sein, zum Beispiel jeden zweiten Abend oder mindestens einmal pro Woche 15 Minuten früher nach Hause zu fahren, um mit den Kindern ein Spiel- oder Geschichtenritual zu entwickeln und auch durchzuhalten.

Ullrich Schaab mit Tochter Emma, 1 1/2 Jahre, aus Obertshausen

- Väter sollten sich nicht überfordern! Sie sollten nicht aus dem einen Extrem (z. B. Flucht in den Beruf) in das andere Extrem (omnipotenter, alles könnender Vollzeitvater sein) verfallen. Perfektionismus führt rasch zur Entmutigung!

- Kleine Schritte, die praktikabel sind, erweisen sich als richtig. Nur das, was funktioniert, ermutigt, den begonnenen Weg fortzusetzen. Ständige Misserfolge dagegen entmutigen, führen dazu, in gewohnte Bahnen zurückzufallen.

Deshalb:
Verändern Sie nicht alles auf einmal!

Hinter dem Perfektionismus vieler Väter steckt nicht selten eine unverarbeitete Auseinandersetzung mit dem eigenen Vater: Väter können Zeitdefizite, unter denen sie einst gelitten, können Wärme, die sie nicht bekommen haben, können Wunden, die ihnen zugefügt wurden, nicht an den eigenen Kindern ungeschehen machen. Kinder brauchen bedingungslose Zuwendung und Annahme – jedoch keine, die ihre Kraft aus einer Quelle namens Wiedergutmachung speist. Sonst besteht die Gefahr, dass sich eine liebevoll-konsequente Vater-Kind-Beziehung in eine therapeutische Beziehungskiste verwandelt.

„Wie man's macht, macht man's verkehrt", lacht Johannes Bach, Vater dreier nun schon älterer Kinder, etwas verzweifelt auf. „Mir ging's ähnlich. Bloß nicht wie der Alte früher werden. Seinen Fehler habe ich nicht gemacht, dafür einen anderen! Mein Jüngster, der Jakob, hat mich drauf gebracht."

Jakob sei damals sechs Jahre gewesen. Johannes Bach hat sich unter Druck gesetzt, um bei seinen Kindern zu sein. Häufig sei er abgespannt von der Arbeit gekommen. „Ich war nervös. Das hat sich auf die Kinder übertragen. Die wurden auch unruhiger. So gab's Stress und noch mehr Konflikte, obgleich wir uns auf unsere Gemeinsamkeit freuten." Er habe sich mit seiner Frau über die unerklärlichen Auseinandersetzungen unterhalten. Jakob habe still dabei gesessen, dann sehr bestimmt gesagt: „Papa, wenn du nach Hause kommst, schlaf' doch erst mal, und dann spielst du mit uns. Jetzt spielst du sowieso nicht richtig mit uns. Du spielst nur, weil du ein Buch über gute Papas gelesen hast." – „Tja", resümiert Johannes Bach, „mein Sohn hat mir die Augen geöffnet. Seit einiger Zeit ruhe ich mich erst aus und kann mich danach auf die Kinder besser einlassen."

Kinder sind genaue Beobachter ihrer Umwelt. Sie haben ein Gespür für Aufrichtigkeit und Ehrlichkeit. Sie erkennen, ob dem erzieherischen Handeln Authentizität zugrunde liegt oder ob Väter – aus welchen Gründen auch immer – eine pädagogische Show abziehen. Kinder wünschen sich ungeteilte Aufmerksamkeit. Sie sehen im Vater einen wichtigen Partner, der mütterliche Erziehungseinflüsse ergänzen, begleiten und – wo erforderlich – auch kompensieren kann.

Doch zugleich können Kinder großzügig sein und Absolution erteilen, falls der väterliche Zeitkuchen geringer ausfällt, als sie es erhofft haben. Nur Aufrichtigkeit müssen sie spüren. Sie wollen sich ernst genommen fühlen.

Michael Ernst mit Tochter Jessie-Michelle, 1 1/2 Jahre, aus Bad Tölz

Dann braucht es keine Torte zu sein, dann tut es auch ein trockener Sandkuchen, um den Hunger nach väterlicher Zuwendung zu befriedigen.

Es kommt weniger darauf an, wie viel Zeit mit dem Kind verbracht wird, sondern darauf, wie intensiv man sich ihm widmet.

Dr. Jan-Uwe Rogge, Jahrgang 1947, ist verheiratet, Vater eines Sohnes und lebt in der Nähe von Hamburg. Er arbeitet als freiberuflicher Familienberater und in der Medienforschung, führt seit vielen Jahren Seminare in der Elternbildung durch und hat zahlreiche Erziehungsbücher verfasst.

Thomas Luczak und Sohn Finn Fabian, 5 Jahre, aus Rostock

Mein Papa

Väter sind schon seltsame Wesen: Morgens „verkleiden" sie sich, ziehen sich einen feinen Anzug oder eine Uniform an. Dann gehen sie aus dem Haus, stellen irgendwelche Dinge an und kommen dann abends müde wieder.

Am Ende des Tages wird der sehnsüchtig erwartete Ernährer gelöchert: Ist der Chef auch so streng wie der Mathelehrer? Darf Papa den ganzen Tag vor dem Computer sitzen? Und warum ist er immer sooo lange weg?

Umgekehrt passieren aber auch ganz viele spannende Sachen zu Hause. Wie bekommt Papa das mit? Und wie kommt er damit klar, wenn er seine Familie tagsüber oft nicht lange sehen kann?

und die Arbeit

Der tägliche Wettstreit zwischen Beruf und Familie

Interview mit Prof. Wassilios E. Fthenakis, Freie Universität Bozen/Fakultät für Bildungswissenschaften, von 1975 bis 2005 Direktor des Staatsinstituts für Frühpädagogik in München

Moderne Väter geben sich nicht mehr mit der Rolle des Ernährers der Familie zufrieden, sie wollen sich aktiv an der Erziehung ihrer Kinder beteiligen. Gleichzeitig müssen sie den Anforderungen einer immer hektischer werdenden Berufswelt gerecht werden. Der Mehr Zeit für Kinder e.V. fragte den bekannten Familienforscher:

„Gibt es Strategien, die bei der Kluft zwischen Beruf und Familie helfen, Brücken zu bauen?“

„Schon mit wenigen selbstkritischen Fragen können Väter überprüfen, ob sie auf dem richtigen Weg sind: Weiß ich, wo mein Sohn am liebsten seine Freizeit verbringt? Was steht auf der Hitliste der Wünsche meiner Tochter zum Geburtstag, Zeugnis etc. ganz oben? Denn nur wer die Wünsche und Bedürfnisse seiner Kinder kennt, kann auch ein vertrauensvolles Miteinander aufbauen. Deshalb lege ich allen Vätern ans Herz: Sprechen Sie so viel wie möglich mit Ihren Töchtern und Söhnen. Die Kleinen – und auch Größeren – erzählen ihren Papas nur zu gerne, was sie mit ihnen am liebsten unternehmen möchten.“

„Eine wichtige Konferenz, die unerlässliche Dienstreise, der ganz normale Stress im Job… Väter haben nicht immer Zeit, das, was sie oder die Kinder wollen, auch in die Tat umzusetzen. Was empfehlen Sie Papas, die trotz Abwesenheit im Alltag ihrer Kinder präsent sein wollen?“

„Sie sollten die Kinder am eigenen Leben teilhaben lassen, insbesondere an der beruflichen Tätigkeit. Das vermittelt ihnen ein Bild von dem, was man tut, wenn man nicht in der Familie ist, und fördert das Verständnis, wenn's mal etwas stressiger zugeht. Aber nicht vergessen: Väter, die alles über ihre Welt, jedoch nichts über die ihrer Kinder wissen, verlieren schnell an Ansehen. Wer seinem Sohn noch nie beim Skateboarden zugesehen hat, vielleicht selbst mal auf so einem Brett gestanden hat, wird von seinem Kind schnell in die 'Der hat doch eh keine Ahnung'-Ecke verbannt. Nur, wer sich auskennt, darf auch mitreden, urteilen und Ratschläge geben.“

„Gibt es Aktivitäten, die der Vater-Kind-Beziehung besonders gut tun?“

„Für ein starkes Wir-Gefühl sorgt z. B. ein gemeinsames Hobby. Wichtig ist, dass beide Spaß daran haben. Hier kann man sich austauschen und ergänzen. Väter und Kinder teilen regelmäßig Erfolgserlebnisse, für die sie als Team verantwortlich sind. Papa kann seine Fähigkeiten und Fertigkeiten unter Beweis stellen. Doch nicht nur beim gemeinsamen Hobby kann Papa punkten, manchmal genügen schon einmalige Anlässe, die ihn für die Kleinen zum Größten machen: Wenn er in der Schulprojektwoche als Basketball-Experte brilliert, die von ihm reparierten Rollerblades schneller flitzen als neue oder er der Einzige ist, der die verflixte Mathematik-Aufgabe lösen kann."

„Nach einem anstrengenden Arbeitstag fehlt abends oft die Energie, sich noch ausgiebig den Kindern zu widmen. Lassen Sie diese Entschuldigung gelten?"

„Nein, die Beschäftigung mit dem Kind ist zu wichtig, um sie nur auf das Wochenende zu beschränken. Auch unter der Woche sollten Zeiten ausgemacht werden, zu denen die Kinder den Vater ganz für sich haben und mit ihren Spielwünschen oder Problemen zu ihm kommen können. Dafür, dass Papa zum Abschalten zunächst einmal eine Ruhepause einlegen möchte, haben Kinder Verständnis, für permanent fehlende Aufmerksamkeit nicht. Auch unter den Zwängen eines stressvollen Alltags Zeit zu finden und Zeit zur Verfügung zu stellen, ist für jeden von uns eine der größten Herausforderungen der Gegenwart."

„Welche Ereignisse im Leben ihrer Kinder sollten Papas unbedingt im Kalender vormerken?"

„Ist der Sohn im Fußballverein? Dann natürlich seine wichtigsten Spiele. Die Tochter hat den ersten öffentlichen Auftritt mit ihrer Band? Auch da beweist der Vater mit seinem Applaus, wie stolz er auf sie ist. Mit ihrer Aufmerksamkeit und Unterstützung zeigen Väter ihren Töchtern und Söhnen, wie wichtig diese für ihre Kinder so bedeutenden Ereignisse für sie selbst sind. Es gibt eine Reihe von außerfamiliären Ereignissen und Veranstaltungen, die längst keine Mütterdomäne mehr sind."

„Apropos Mütter: Wie wichtig ist das Zusammenspiel von Mama und Papa für eine stabile Vater-Kind-Beziehung?"

„Die Partnerbeziehung ist die tragende Säule der Familie. Ein guter Vater ist zugleich ein guter Ehemann bzw. Lebenspartner. Er versucht, auch die Bedürfnisse seiner Partnerin zu berücksichtigen. Unternehmungen mit der ganzen Familie sind eine wichtige Voraussetzung dafür, dass Kinder ihren Vater als in die Familie integriert empfinden."

„Und wenn Papa sagt: 'Wir lassen die Mama heute zu Hause'?"

„Dann haben alle Grund zur Freude. Denn die Mutter profitiert von dem freien Tag ebenso wie Papa und Kinder von ihren gemeinsamen Erlebnissen."

Immer auf Draht? – Papa im Stress-Check

Eine wichtige Geschäftsreise lässt sich trotz des Kindergeburtstags nicht verschieben, der unerbittliche Kunde besteht darauf: Sein Auftrag muss ausgerechnet am Tag des Pokalendspiels der Zwillinge ausgeführt werden... Es gibt Tage, da wächst Vätern, die nicht nur Zuschauer im Leben ihrer Kinder sein wollen, der Stress über den Kopf.

Kein Grund zum Haareraufen, liebe Väter. Vorausgesetzt, es handelt sich wirklich nur um Ausnahmesituationen! Denn wenn Sie sich ansonsten gut um Ihren Nachwuchs kümmern und richtig Bescheid wissen, wenn es um seine Vorlieben, Hobbys oder Abneigungen geht, verzeiht er Ihnen schon mal, wenn Ihnen der Beruf bei der Verwirklichung Ihrer besten Absichten dazwischenfunkt.

Sie wissen nicht, ob Sie zu den Vätern gehören, die richtig auf Draht sind? Testen Sie's doch – unser Papa im Stress-Check hilft Ihnen dabei. Sie brauchen nur ein Blatt Papier – und Ihre Kinder. Denn ohne deren Unterstützung läuft hier gar nichts.

Ihre Kids fragen – Sie punkten!

1. ***Papa, weißt du, welches Buch ich am coolsten finde?***

☐ Ja, richtige Antwort kommt sofort: 5 Punkte

☐ Mit kleiner Hilfestellung zur korrekten Lösung: 3 Punkte

☐ Keine Ahnung: 0 Punkte

☐ Papa hat noch nicht bemerkt, dass der Nachwuchs gar nicht liest: -5 Punkte

2. ***Welchen Verein feuere ich in der Champions League an?*** (Nicht-Fußball-Fans können die Frage ihrer Lieblingssportart entsprechend abwandeln)

☐ Den Nagel auf den Kopf getroffen: 5 Punkte

☐ Keine Ahnung: 0 Punkte

3. ***Welches Essen kann ich überhaupt nicht ausstehen?***

☐ Prompt richtig getippt: 5 Punkte

Keine Ahnung: 0 Punkte

Linsensuppe mit Spaghetti verwechselt: -5 Punkte

4. ***Weißt du noch, welche Note ich in der letzten Mathe-Arbeit hatte?***

☐ Ja, richtig: 5 Punkte

☐ Papas Erinnerungsvermögen funktioniert nicht mehr gut: 0 Punkte

☐ Er kann's gar nicht wissen, weil Junior die Arbeit nur Mama gezeigt hat: 3 (Joker-)Punkte für den Senior

5. ***Papa, meinst du, dass du dir in dieser Woche genug Zeit zum Toben, Schmusen, Spielen oder für meine Probleme genommen hast?***
Abhängig vom Übereinstimmungsgrad kann der Nachwuchs hier subjektive 0 bis 7 Punkte vergeben.

6. ***Kennst du meinen größten Wunsch?***

☐ Schnellstmögliche Reaktion: 5 Punkte

☐ Mehr als eine Minute Bedenkzeit bis zur richtigen Lösung: 3 Punkte

☐ Papa kommt einfach nicht drauf: -5 Punkte

7. ***Weißt du, was ich mit Mama und dir am liebsten unternehme?***

☐ 100%ig richtig: 5 Punkte

☐ Die zweitbeste Lösung: 3 Punkte

☐ Komplett daneben getippt: 0 Punkte

8. ***Kennst du mein Lieblingsspielzeug?***

☐ Richtig: 5 Punkte

☐ Falsch: 0 Punkte

9. ***Wie heißt mein bester Freund bzw. meine beste Freundin?***

☐ Sofort gewusst: 5 Punkte

☐ Die Vorjahres-Favoriten genannt: 3 (Trost-)Punkte

☐ Die Genannten kennt der Nachwuchs gar nicht: -2 Punkte

10. ***Stell dir vor, wir gehen zusammen ins Kino. Welchen Film würde ich zurzeit am liebsten anschauen?***

☐ Richtige Lösung im ersten Anlauf: 5 Punkte

☐ Richtige Lösung mit leichter Nachhilfe: 2 Punkte

☐ Keine Ahnung: 0 Punkte

Gesamtpunkte: = ______

Auswertung: Bitte umblättern!

Auswertung

52 bis 42 Punkte

Wow, Sie kennen sich richtig gut im Leben Ihres Kindes aus. Das haben Sie jetzt schwarz auf weiß. Hobbys, Freunde, Schule – da macht Ihnen so schnell keiner was vor. Doch halt: Das ist kein Grund, sich auf die faule Haut zu legen. Was heute im Leben Ihrer Kids „in" ist, kann morgen schon der Schnee von gestern sein. Also bleiben Sie auf Draht.

41 bis 26 Punkte

Allwissend sind Sie nicht, aber zumindest teilweise über wichtige Dinge aus dem Alltag Ihrer Kinder informiert. Sie möchten mehr wissen? Drehen Sie den Spieß doch einfach mal um: Fragen SIE Ihren Kindern Löcher in den Bauch.

25 bis 2 Punkte

Autsch: Leider öfter danebengetippt. Hobbys, Interessen, Freunde – mit diesen Antworten konnten Sie bei Ihren Kids wohl nicht so richtig punkten. Da die aber auch ganz dankbar sind, wenn Papa sich nicht immer und überall als „Überflieger" entpuppt, sollten Sie Ihre Test-Schwäche nutzen. Ihre Kinder platzen vor Stolz, wenn sie Ihnen etwas (von sich) beibringen können. Die Zeit und das Interesse, von dem wichtigen Wissen im Alltag zu profitieren, müssen Sie allerdings selbst mitbringen!

1 bis -17 Punkte

Katastrophen-Alarm! Mit diesem Test-Ergebnis dürften Sie es schwer haben, die nächste 5, die der Junior in Englisch oder Bio mit nach Hause bringt, auch nur ansatzweise zu kritisieren. Zur (Ver-)Besserung hilft eigentlich nur eins: Tun Sie sich mit den Kids zusammen – zum Reden, Spielen, Schmusen und Streiten. Sie haben jede Menge Nachholbedarf. Den dafür geeigneten Lieblingsplatz dürfen natürlich die Kinder aussuchen. Das in luftigen Höhen gelegene Baumhaus, das platzsparende Ein-Mann-Indianerzelt oder der von Papa eigentlich nicht allzu sehr geschätzte Kinofilm ... – Strafe muss bei einem „Ungenügend" in Aufmerksamkeit eben auch für Erwachsene sein. Mit der richtigen Einstellung können beide dabei sogar richtig Spaß haben.

Was muss „mann" tun oder lassen, um ein guter Vater zu sein?

Das hat sich Andreas Petry, Vater einer Tochter, 15 Monate, aus Hermeskeil gefragt. Er schreibt:

„Ist es die Hauptaufgabe eines Familienvaters, arbeiten zu gehen? Evtl. Überstunden zu machen, möglichst viel Geld zu verdienen, um seine Familie zu ernähren und vielleicht alle materiellen Wünsche erfüllen zu können? Oder verbringt ein guter Vater viel Zeit mit seiner Familie, tritt daher vielleicht im Beruf etwas kürzer?

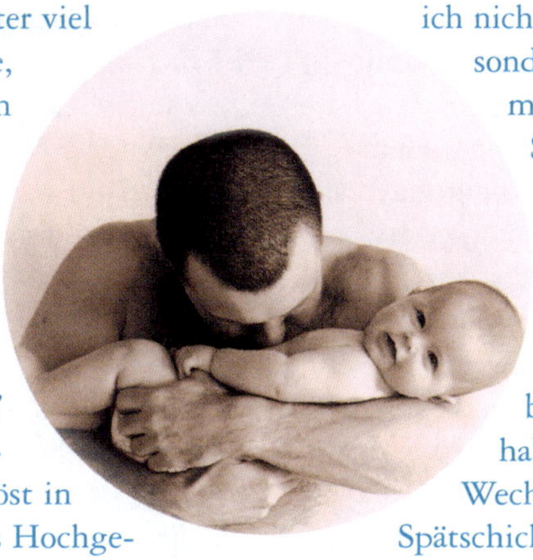

Wir leben von dem Geld, das ich verdiene. Die ganz 'klassische' Rollenverteilung eben; ich alleine bin für die 'Ernährung' meiner Familie zuständig. Dieser Umstand löst in mir jedoch kein stolzes Hochgefühl aus und streichelt auch nicht unbedingt mein männliches Ego, wie man und 'Frau' es vielleicht erwarten würden. Er erzeugt in mir eher ein ständig präsentes Unbehagen. Lastet doch ein ungeheurer Druck auf mir, Arbeit zu haben und zu behalten. Gerade in heutiger Zeit mit hoher Arbeitslosigkeit. Was würde passieren, wenn ich keine Arbeit mehr hätte; dieser Gedanke macht mir doch schwer zu schaffen. Ist es also meine Hauptaufgabe als 'guter Vater', alles dafür zu tun, dass der 'Rubel rollt'???

Zeit für meine Familie habe ich, aus meiner Sicht gesehen, nie genug. Für mich ist es wichtig, meiner Tochter nicht 'irgendetwas Besonderes' zu bieten, sondern vielmehr, dass ich einfach für sie da bin und mich mit ihr beschäftige. Sich mit dem Kind beschäftigen heißt nicht, tagtäglich das Kind mit immer neuen Sachen zu (über)fordern und ein Wunderkind zu erschaffen, sondern den normalen Werdegang zu begleiten und Anregungen zu bieten. Den Lohn für diesen 'Aufwand' erhalte ich nicht erst Ende des Monats, sondern postwendend von meiner Tochter zurück. Sie bezahlt mich stets mit einem unwiderstehlichen Lächeln, einer zärtlichen Umarmung oder einem liebevollen 'Papa'. Ich bin Schichtarbeiter und habe im wöchentlichen Wechsel Früh-, Nacht- und Spätschicht. Das hat, wie ich in meiner Rolle als Vater schnell herausgefunden habe, unter anderem den Vorteil, dass ich den kompletten Tagesablauf meines Kindes genau kenne und mitgestalten kann.

Jeder Mann muss sich im Klaren darüber sein, dass die Zeit, die er j e t z t mit seiner Familie verbringen kann, über kurz oder lang unwiederbringlich vorbei sein wird."

Andreas Petry mit seiner Tochter Annika Christina, 6 Monate, aus Hermeskeil

Welchen Preis zahlen Väter für die Karriere?

Interview mit Diplom-Psychologe Werner Gross, Psychologisches Forum Offenbach am Main

Die moderne Arbeitswelt ist von zunehmender Hektik und steigenden Anforderungen geprägt. Diplom-Psychologe Werner Gross – Psychotherapeut, Supervisor, Coach und Organisationsberater am Psychologischen Forum in Offenbach am Main (PFO) – nennt unter anderem Ängste, Panikattacken, Depressionen, Herz-Kreislauf- und Suchterkrankungen als negative Begleiterscheinungen des Konkurrenzdrucks, der in Zeiten hoher Arbeitslosigkeit wächst. Journalistin Gabi Winter fragte ihn, welchen Preis seinen Erfahrungen zufolge heute vor allem Väter für ihre Karriere zahlen.

Werner Gross: Hohe Stresszeiten können nicht nur direkt beim Betroffenen seelische und körperliche Erkrankungen auslösen, gelegentlich werden die Auswirkungen auch auf andere Familienmitglieder „delegiert". Das heißt konkret:

Väter bieten ihren Kindern Orientierung und in der Pubertät auch die Chance zur Abgrenzung. Sie sind die erste Fluchtburg, wenn es um die Auflösung der Mutter-Kind-Einheit geht, setzen in Ergänzung zur Partnerin durch glaubwürdige Autorität Grenzen, die akzeptiert werden – meistens zumindest. Ist der Vater oder eine Vaterfigur, die diese Aufgaben übernimmt, karrierebedingt im Familienleben kaum präsent, kann sich das in mannigfaltigen Symptomen äußern. Bei Kindern zum Beispiel im Phänomen des „kleinen Tyrannen", der seine Grenzen auslotet, oder – oft im Verbund mit anderen auslösenden Faktoren – in schulischen Schwierigkeiten bis hin zu Suchtproblemen.

Väter selbst berauben sich durch mangelnde Nähe der Erfahrung, das eigene Kind wie auch das Kind in sich selbst zu entdecken.

Gibt es Alarmzeichen in der Familie, die frühzeitig davor warnen, dass das gesunde Gleichgewicht zwischen Job und Privatleben zu kippen droht?

Wenn einen die Arbeit sprichwörtlich „auffrisst", ist das sicherlich ein deutliches Alarmsignal. Das zeigt sich unter anderem darin, dass man die Arbeit – auch gedanklich – mit in die Freizeit, selbst mit in den Urlaub nimmt.

Bleibt neben der Arbeit längerfristig zu wenig Zeit und Interesse für die Familie, Freunde oder regelmäßige Hobbys, sind Beziehungsprobleme mit der Partnerin, den Kindern und dem sozialen Umfeld absehbar.

Wie können die Beteiligten – Vater, Mutter, Kinder – rechtzeitig gegensteuern, um diese Situation zu vermeiden?

Betroffene Väter sollten die nötige Distanz zu sich selbst und ihrer Tätigkeit schaffen. Sie müssen lernen, sich stärker neben sich zu stellen, um mit dieser Außensicht die eigenen Gefühle und Ziele im Blick zu behalten und zu verfolgen. Die Familie ist eine wichtige „Wiederaufbereitungsanlage" in diesem Prozess. Sie schenkt Energie und Freude. Doch es bleibt zu beachten: Man muss selbst Zeit und Energie investieren, um das Gewünschte zurückzubekommen.

Haben Sie dazu Tipps, die sich im Alltag recht einfach umsetzen lassen?

Wichtig sind zum Beispiel regelmäßige Familientermine. Sind diese aus zeitlichen Gründen nicht täglich möglich, sollten sie wenigstens ein- bis zweimal pro Woche fest eingeplant werden. Die Anlässe müssen nicht außergewöhnlich sein. Schon das regelmäßige gemeinsame Frühstück oder Abendessen fördert die Kommunikation – sofern sie sich nicht aufs reine Abfragen der Kinder beschränkt.

Es sollte aber auch Zeit für ein Stück Unberechenbarkeit bleiben. Wer mal ein paar Dinge außer der Reihe tut, wird von seinen Kindern nicht so schnell in eine Schublade gesteckt, ist in ihren Augen nicht nur Autorität, sondern bekommt auch andere interessante Facetten. Denkbar ist zum Beispiel ein Tag, an dem alleine die Kinder bestimmen können, was man gemeinsam macht.

Man sollte sich ferner vor Augen halten: In einer guten Vater-Kind-Beziehung funken nicht alle pausenlos auf einer Wellenlänge. Da lässt der Erwachsene auch zu, dass der heranwachsende Sohn oder die pubertierende Tochter sich abgrenzt. Wichtig ist die gemeinsame Basis, die verhindert, dass man beim Austragen von Konflikten „den Ring verlässt".

Wir haben bisher vom Preis gesprochen, den Väter für die Karriere bezahlen. Wie sieht denn Ihren Erfahrungen zufolge der Lohn aus, den Papas für ein verstärktes Engagement in der Familie erhalten?

Der hauptsächliche Gewinn ist sicher, dass ich als Vater mitbekomme, wie meine Tochter, mein Sohn aufwächst – wo sind die Stärken, aber auch die Problembereiche meines Kindes. Nur wenn ich weiß, womit es sich beschäftigt, kann ich auch einen sinnvollen Einfluss auf seine Entwicklung nehmen. Und – nicht zu unterschätzen: Kinder halten jung, weil die eigene Kindheit noch einmal nach oben gespült wird: Wie war ich eigentlich als Kind? Was war gut in meiner Kindheit? Was hat gefehlt? Was will ich anders machen?

Von A bis Z ein Team

Wenn Kinder den Vater wie einen lieben, aber eher seltenen Gast behandeln, läuft zu Hause definitiv etwas schief. Klar, der Wunsch der Kleinen, mehr Zeit mit Papa zu verbringen, scheitert meist an den Anforderungen des Jobs. Aber das „Wie“ der gemeinsam verbrachten Zeit zählt letztendlich für die Kids mehr als das „Wie viel“.

Gemeinsame Erlebnisse, die beiden Spaß machen, wecken den Teamgeist, fördern das Vertrauen und das gegenseitige Verständnis. Aber machen Sie Ihren Kindern dabei nichts vor, denn die merken sofort, wenn die Erwachsenen nur mit dem Kopf und nicht mit dem Herzen bei der Sache sind.

Nicht nur größere Unternehmungen wie Ausflüge und Reisen sorgen bei Papas und Kindern für Zusammenhalt. Schon kleine Rituale wie das allabendliche Gespräch beim Zubettgehen, der Anruf nach der Schule oder das ausgiebige Sonntagsfrühstück mit der Familie stärken das Zusammengehörigkeitsgefühl. Auf diese Weise reißt der so wichtige Dialog nicht ab.

Brahim Bouchireb und Sohn Jalal Leo, 5 Jahre, aus Köln

Keine Sorge: Perfekte Väter, die von A bis Z alles richtig machen, gibt es ebenso wenig wie das Patentrezept für die optimale Freizeitgestaltung mit den Kindern. Ein paar Anregungen für den Weg zum erfolgreichen Papa-Kind-Team haben wir in diesem kleinen „Nachschlagewerk“ zusammengestellt:

Auszeit

Nicht nur die Auszeit vom Job, sondern auch die vorübergehende „Trennung“ von Mama kann der Vater-Kind-Beziehung richtig gut tun. Beide lernen sich von einer neuen Seite kennen. Die Erfahrung „Papa ist heute nur für mich da“ macht stolz und glücklich. Bei ihm darf es oft auch ein bisschen turbulenter zugehen als bei Mama.

Für engagierte Väter bietet die gemeinsame Auszeit auch d i e Chance, ihre Qualitäten als Problemlöser unter Beweis zu stellen: wenn der Fünfjährige ohne Licht nicht einschlafen kann, die Lieblingsjeans plötzlich ein Riesenloch aufweist oder der Kanarienvogel sich durchs Fenster aus dem Staub gemacht hat. Mama, die mal „(sorgen)frei“ hat, weiß das sicherlich zu schätzen.

Babys

„Babys brauchen die Mutter. Ich kümmere mich um den Kleinen, wenn er laufen kann.“ Kommen Ihnen solche Sätze bekannt vor? In vielen Familien ist der Säugling auch heute noch ganz

„Mamas Kind". Doch wer die elterliche Arbeitsteilung aufs gelegentliche Windelwechseln beschränkt, verschenkt wertvolle Zeit auf dem Weg zum erfolgreichen „Team-Player".

Papas können bereits in der Babyphase ins aktive Miteinander einsteigen. Und das nicht nur durch die tägliche Unterstützung beim Zubettbringen oder Baden der Kinder. Schon die ganz Kleinen genießen gemeinsame Aktivitäten wie Baby-Gymnastik, Baby-Massage oder das Baby-Schwimmen. Geeignete Kurse fördern die Entwicklung Ihres Kindes und bieten Ihnen zudem die Gelegenheit zum Erfahrungsaustausch mit anderen Eltern.

Abdul Benhaddou und Tochter Laila Malia, 8 Monate, aus Köln

Charme

Papa ist der erste Mann, den die kleine Tochter mit ihrem Charme gerne um den Finger wickelt. Nutzen Sie das! Erfüllen Sie Ihrer Kleinen doch mal einen Wunsch, vielleicht eine außerplanmäßige Runde mit ihrem Lieblingsspiel? Das kommt bestimmt gut an.

Durchhaltevermögen

„Versprochen wird nicht gebrochen." Diese Regel nehmen Kinder sehr ernst. Tun Sie es auch. Wenn Sie Ihrem Kind ein Abenteuer-Wochenende versprochen haben und in letzter Minute einen Rückzieher machen wollen, weil Ihnen zwei Nächte auf der Luftmatratze zu unbequem erscheinen, vergessen Sie's. Halten Sie Ihrem Kind zuliebe durch!

Einkaufen

Bei einer gemeinsamen Einkaufstour können Sie einiges über Ihre Sprösslinge erfahren. Ob im Supermarkt oder im Zeitungsladen: Die Kids halten bestimmt nicht mit ihrer Meinung hinterm Berg, wenn es um die Auswahl der „passenden" Lebensmittel, Zeitungen etc geht. Sie müssen ihnen ja nicht immer zustimmen...

Faulenzen

Heute keine Lust auf größere Unternehmungen? Macht nichts. Auch beim gemeinsamen Faulenzen können Sie viel über Ihre Kinder lernen: bei der Auswahl des Fernsehprogramms, dem gemeinsamen Testen des neuen Computerspiels oder in den Gesprächen, die sich beim Lümmeln auf dem Sofa ergeben. Zwischendurch bleibt noch ganz viel Zeit zum Spielen, Lesen, Toben und Schmusen.

Geschäftsreise

Nehmen Sie Ihre Familie doch einfach mal mit. So bekommen die Kinder Einblick in Ihre Berufswelt, und in der Freizeit bleibt sicher noch Raum für ein gemeinsames Erlebnis-Programm.

Hobby

Kaum etwas schweißt mehr zusammen als ein gemeinsames Hobby.

Da wird zusammen geredet, geplant, gebaut, gelacht: Spaß und Erfolgserlebnisse gehen Hand in Hand. Eine besondere Bedeutung nehmen gemeinsame Hobbys in der Vater-Sohn-Beziehung ein. Denn der Filius eifert seinem großen Vorbild gerne nach. Das schließt regelmäßige gemeinsame Aktivitäten von Vätern und Töchtern nicht aus. So mancher Papa feuert seine Tochter mittlerweile jedes Wochenende beim Fußball an. Und das gibt auch ihr das Gefühl: „Als Team sind wir unschlagbar".

Interesse

Nur wer wirkliches Interesse an den Aktivitäten seiner Kinder zeigt, wird von den Kleinen auch regelmäßig über Dinge, die ihnen am Herzen liegen, informiert. Oder unterhalten Sie sich etwa gerne mit Leuten, die Ihnen nur halbherzig zuhören?

Jubel

Machen Sie aus Ihrem Herzen keine Mördergrube, wenn Sie Ihr Kind z. B. auf Sportwettkämpfe begleiten. Feuern Sie es an und bejubeln Sie jeden Erfolg gebührend. Das zeigt den Sprösslingen noch mehr als Worte, wie stolz Sie auf sie sind. Dazu gehört auch, bei Niederlagen die richtigen Worte zu finden.

Kindergarten

Sie holen Ihr Kind nie vom Kindergarten ab? Nehmen Sie sich – wenn irgend möglich – mindestens einmal in der Woche Zeit dafür. Wenn Sie nach Anregungen für gemeinsame Aktivitäten mit Ihren Kleinen suchen, werden Sie hier im Kontakt mit Erzieherinnen und anderen Eltern fündig. Ihr Kind ist bestimmt stolz, wenn Sie sein Partner im Verkehrserziehungsseminar oder beim Camping-Wochenende sein wollen.

Lesen

Was man nicht kennt, probiert man nicht: Lesen Sie Ihren Kindern frühzeitig vor, wecken Sie ihr Interesse, indem Sie mit ihnen nach der bunten Bilderwelt auch nach und nach die spannende Welt der Buchstaben erforschen. Erzwingen kann man nichts, aber dort, wo die Eltern selbst viel lesen, greifen später oft auch Kinder lieber zu Büchern und Zeitschriften.

Lilli Dzemski-Ebert, 66 Jahre, aus Berlin:

„Mein Vater wäre am 5.12.2005 100 Jahre alt geworden. Er war glücklich, wenn er uns Geschichten aus seinem Leben erzählen bzw. Gedichte oder Geschichten vorlesen konnte. Dann saßen wir drei Kinder um ihn herum und schauten ihn gebannt an, denn mit seiner Betonung und Mimik faszinierte er. Hin und wieder schaute er dann in unsere spannungsgeladenen Gesichter, was ihm eine stille Freude bereitete."

Mäuschen

Kosenamen wie Mäuschen, Schätzchen oder Häschen mögen in den eigenen vier Wänden ja gerade noch durchgehen, aber sprechen Sie Ihre (größeren) Kinder damit nicht in Gegenwart von Freunden an. Die meisten finden das oberpeinlich.

Nein sagen

Auch Kinder haben ein Recht darauf, „Nein!" zu sagen. Sie müssen nicht jeden Wunsch der Erwachsenen über sich ergehen lassen. Eltern, die das akzeptieren, zeigen keine Schwäche – im Gegenteil: Sie machen ihre Kinder stark. Natürlich trifft das nicht auf jede Lebens- und Alltagssituation zu. Fürs tägliche Zähneputzen oder die Hausaufgaben zum Beispiel gilt kein „Kann", sondern ein „Muss".

Ohrwurm

Väter, die ihre Lieblingssongs kennen, sind für die Kids schon „hip". Begleiten Sie die Sprösslinge auf ein Konzert der gerade angesagten Band, das sie aus Altersgründen noch nicht alleine besuchen dürfen, sind Sie in ihrer Beliebtheitsskala kaum mehr zu toppen.

Annika Fenske, 13 Jahre, aus Würselen:

„Mein Vater ist seit zwei Jahren selbständig und daher ist unsere gemeinsame Zeit sehr knapp! Trotzdem unternimmt er immer wieder coole Sachen: Er hat mich schon von der Schule abgeholt und wir sind 70 km nach Köln gefahren zu einem Konzert von meiner Lieblingsband: Tokio Hotel! Er stand mit mir vier Stunden an und dann noch mal im Gedrängel zwei Stunden drinnen! Ich glaube nicht, dass das viele Väter machen würden!"

Pläne schmieden

Sie sind beruflich so eingebunden, dass die bereits versprochene Städtereise mit den Kindern bis zum nächsten Monat warten muss? Lassen Sie die Zeit bis dahin nicht ungenutzt verstreichen: Schmieden Sie jede Menge Pläne für die Reise. Die Vorfreude, die Sie damit wecken, steigert die „gefühlte" gemeinsame Zeit im Vergleich zu den tatsächlich miteinander verbrachten Stunden um ein Vielfaches.

Quatsch machen

Lassen Sie mal alle Fünfe gerade sein und albern Sie richtig miteinander herum: Kissenschlacht, Grimassen schneiden oder Kitzeln bis zum Umfallen – solange Papa nicht den Berufsjugendlichen mimt, lieben Kinder diesen tollen Kumpel.

Reden

Ihre Kinder fühlen sich ernst genommen und respektiert, wenn Sie das Gespräch mit ihnen suchen. Sie machen sich damit auch selbst zum wichtigen Ansprechpartner, wenn die Kids in kleineren oder größeren Nöten Hilfe brauchen.

Sport

Unterstützen Sie die sportlichen Aktivitäten Ihres Kindes. Vorlieben kristallisieren sich früh heraus: Turnen, Tanzen, Fahrrad fahren oder Ballspiele. Gemeinsam macht das Üben noch mehr Spaß, gesund ist die Bewegung für alle Beteiligten sowieso.

Gregor Profitlich und Sohn Noah, 4 Jahre, aus Berlin

Termine

Halten Sie Verabredungen mit Ihren Kindern unbedingt ein. Geben Sie ihnen auf keinen Fall das Gefühl, weniger wichtig als ein Geschäftstermin zu sein. Verschiebungen darf es nur im Notfall geben – natürlich mit rechtzeitiger Entschuldigung und einem ebenso zuverlässigen wie reizvollen Ersatzprogramm.

Unternehmungen

Gemeinsames Frühstück, Basteln, Malen, Kochen, Zelten, Bootfahren oder Höhlenbauen: Papa-Kind-Veranstaltungen haben Hochkonjunktur. Kindergärten, Familienbildungsstätten, Väterzentren, Elternschulen, Kirchengemeinden und Veranstalter von Wochenendreisen haben die Bedeutung gemeinsamer Spaß- und Erfolgserlebnisse für Väter und Kinder erkannt. Ihr Kindergarten bietet noch keinen Papa-Kind-Tag an? Machen Sie den Anfang und organisieren Sie einen: Die Erzieherinnen freuen sich bestimmt über Ihre Ideen.

Vatertag

Nein, hier ist nicht der offizielle „Vatertag" gemeint, sondern ein Tag in der Woche oder im Monat, der regelmäßig „Papa-Kind-Tag" ist. Vor allem Väter, die beruflich stark eingespannt sind, können damit einen verlässlichen Freiraum schaffen für wichtige gemeinsame Rituale mit den Kindern.

Wald und Wiese

Es muss nicht immer der mit Geräten bestückte Spielplatz sein. Kinder lieben es, in der freien Natur zu spielen. Hier können sie ihrer Fantasie freien Lauf lassen. Zum Beispiel gemeinsam mit Ihnen beim Bauen eines Baumhauses, dem Deuten von Wolkenbildern oder beim Relaxen am Badesee.

Xylophon spielen

Ihr Kind möchte sich gerne am Kinderxylophon erproben oder ein anderes Instrument erlernen? Auch wenn sicher noch viele Misstöne dabei sind: Zeigen Sie ihm, wie es geht, oder hören Sie sich geduldig die ersten eingeübten Tonfolgen und Musikstücke an.

Wolfgang Ruis und Tochter Sina, 6 Jahre, aus Durlangen

Caterina (9) und Milena (7) Schallenberg, Magdeburg: „Das Beste an unserem Papa ist, dass er so schöne Musik macht. Er spielt Gitarre und Klavier. Seit einiger Zeit zeigt er uns, wie wir Klavier spielen können. Das macht richtig Spaß!"

Yak & Co.

Zoo- und Zirkusbesuche gehören zu den Klassikern, die bei Familien-Unternehmungen nie aus der Mode kommen. Die Jüngsten gehen auch gerne in Wildparks und kleineren Streichelzoos auf Entdeckungstour.

Zeit

Man muss nicht jede freie Minute verplanen, um seinen Kindern näher zu kommen. Sieben Tage die Woche Action mit Papa und Mama: Da nimmt auch das gutmütigste Kind Reißaus. Es muss ja auch noch Zeit für Ruhepausen und die Freunde bleiben. Auf die richtige Mischung kommt es an, und die kann – abhängig von der Familiensituation – ganz unterschiedlich sein. Beziehen Sie Ihre Kinder am besten in die Planungen mit ein.

Mein Papa arbeitet bei ...

„Papa, was machst du eigentlich den ganzen Tag, wenn du bei der Arbeit bist?"
„Warum muss man das machen?"
„Macht dir das Spaß, was du bei der Arbeit machst?"

Erwartungsvoll steht Ihr Sprössling vor Ihnen. Mit Fragen wie diesen zeigen Kinder, dass sie sich für den Beruf ihrer Eltern interessieren und gern genauer wissen möchten, was Papa oder Mama eigentlich machen. Denn häufig sind sie etwas ratlos, wenn sie beispielsweise in der Grundschule einen Aufsatz über den Beruf ihrer Eltern schreiben sollen. Sie wissen zwar meist die Berufsbezeichnung und den Namen des Arbeitgebers, haben darüber hinaus aber nur sehr diffuse Vorstellungen.

Dabei ist es doch nur zu verständlich, dass Kinder mehr über die Arbeit ihrer Eltern wissen wollen – schließlich raubt der Beruf oft ganz schön viel von der gemeinsamen Zeit.

Ein Arbeitstag mit Papa

Allzu häufig wissen Eltern jedoch nicht, wie sie dem Wissensbedürfnis ihrer Sprösslinge gerecht werden sollen. Ihr berufliches Tun scheint zu komplex, um es auf kindgerechte Weise zu beschreiben.

Warum nehmen Sie Ihren Nachwuchs nicht mal mit und zeigen ihm Ihren Arbeitsplatz? Natürlich nur, wenn die Sicherheitsbestimmungen das zulassen – viele Väter arbeiten in Bereichen, in denen Kinder besonderer Aufsicht bedürfen – und sofern Ihr Vorgesetzter zustimmt. Ein familienfreundlicher Arbeitgeber hat sicher nichts dagegen, wenn Sie z. B. an einem Brückentag Ihren Nachwuchs mitbringen.

Einige Unternehmen sind in dieser Hinsicht sehr vorbildlich. Sie erkennen den Wandel der Rollenbilder an, sehen, wie schwierig der Spagat zwischen Berufs- und Privatleben für Väter und Mütter ist, und fördern daher eine familienbewusste Personalpolitik. So bieten manche Firmen von sich aus einen Tag im Jahr an, an dem die Mitarbeiter ihre Sprösslinge mit zur Arbeit bringen können. Andere richten eigene Kindergärten ein, helfen bei der Suche nach einer Kinderbetreuung oder entwickeln flexible Arbeitszeitmodelle.

Um herauszufinden, welche familienfreundlichen Maßnahmen sinnvoll für ein Unternehmen sind, kann es sich Hilfe von außen holen (Link-Tipp: www.beruf-und-familie.de). Anhand eines Beispiels wollen wir Ihnen auf der nächsten Seite zeigen, welche Möglichkeiten es für Eltern gibt, den Balance-

akt zwischen Familie und Beruf zu meistern.

Teamarbeit – in Beruf und Familie

Bei Unternehmen mit mehr als 200.000 Mitarbeitern wie der Deutschen Bahn sind auch viele Familienväter und -mütter beschäftigt. Sie alle mussten sich vor der Geburt ihres ersten Kindes Gedanken machen, wie sie die neue Familiensituation mit dem Beruf unter einen Hut bringen. Wenn beide Eltern weiterarbeiten wollen oder müssen, stellt sich die Frage: Wer betreut das Kind? Das muss nicht allein Sorge der Eltern sein. Arbeitgeber, denen daran liegt, gute und motivierte Mitarbeiter zu halten, können sie nach der Geburt unterstützen.

Ein besonderer Service für Familien

So hilft die Bahn bei der Suche nach qualifizierten Kinderbetreuern, trägt die Kosten für eine Ad-hoc-Betreuung in Notfällen und für eine professionelle und individuelle Beratung. Dazu arbeitet das Unternehmen mit dem Familienservice zusammen, einem Beratungsdienst, der den Eltern erfahrene Betreuer vermittelt, sie berät und z.B. Tipps gibt für den Arbeitsvertrag mit einer Tagesmutter, einem Au-pair oder Babysitter. Inzwischen nutzen jährlich rund 200 DB-Mitarbeiter das Angebot ihres Arbeitgebers.

Flexible Alternativen

Darüber hinaus gibt es verschiedene Wege, die Arbeitszeit flexibler zu gestalten. Mit Blick auf den Wandel der Vaterrolle sind Gleitzeit, individuelle Teilzeitmodelle oder das Arbeiten von zu Hause aus auch sehr väterfreundliche Lösungen. Denn immer mehr Väter wollen stärker teilhaben am Leben ihrer Kinder, wollen sie heranwachsen sehen und ihre Fortschritte miterleben. Eine andere Möglichkeit auch für Väter ist die Elternteilzeit. Bei der Bahn liegt der Anteil der Männer in Elternzeit mit ca. 7 Prozent über dem bundesweiten Durchschnitt.

Betreuung in den Ferien

Die Alternativen beschränken sich nicht allein auf die Arbeitszeit. Über die Stiftung Bahn-Sozialwerk (BSW) können Familien auch verschiedene Ferien-Angebote nutzen. Sie können zum Beispiel Urlaubsreisen zu sehr günstigen Preisen in den BSW-Ferienhotels buchen.

Oft sind die Schulferien der Kinder jedoch länger, als die Eltern Urlaub haben. Damit der Nachwuchs auch in diesem Fall in guten Händen ist und sich nicht langweilt, können die Eltern – je nach Alter und Interessen ihrer Sprösslinge – kostengünstige Kinder- und Jugendfreizeiten buchen.

Dirk Voigt mit Sohn Gavin, 2 1/2 Jahre, aus Horst

Mit Papa basteln

Schon faszinierend, so eine Klebepistole oder so eine Bohrmaschine, wie sie Papa hat. Und was er damit alles kann …

Wenn es darum geht, abenteuerliche Konstruktionen entstehen zu lassen, unerklärliche Phänomene vorzuführen und das Riesenbild dauerhaft an die Wand zu bringen, dann ist Papa einfach der Größte. Bei ihm darf man auch mal mit anpacken, „gefährliche" Sachen ausprobieren oder mithelfen, wenn die Tapete an die Wand muss.

Häufig gestellte Kinderfragen sind: „Papa, wie geht das?" oder „Kannst du mir bitte helfen?" Klar kann er – meistens jedenfalls …

+ experimentieren

Messer, Hammer, Schere, Licht...

Heimwerker-Tipps für Väter und Kinder

Handwerkliche Tätigkeiten sind in der Familie meist dem Vater zugeordnet. Natürlich gibt es Ausnahmen und natürlich muss nicht jeder Mann gerne mit Säge und Hammer hantieren. Darum finden Sie in diesem Kapitel auch einige Tipps, die ohne großes handwerkliches Geschick zu bewältigen sind. Egal, wie gerne Sie selbst werken – zu einer sinnvollen Beschäftigung mit Kindern gehört die Anregung zu kreativer Arbeit. Kinder müssen ihre Welt be-greifen: möglichst viele Materialien kennen lernen; mit Farbe, Holz und Leim umgehen; das Glücksgefühl erleben, wenn ein kleines Meisterwerk gelungen ist. Solche Erlebnisse fördern die Entwicklung eines Kindes in jeder Beziehung.

Walter Geitz mit Sohn Wolf-Dietrich, 2 1/2 Jahre, aus Röthenbach/Peg, 1969

Werken mit Kindern ab 3 Jahren

Steinfiguren

Bestimmt kennen Sie eine Stelle, wo man schöne Kieselsteine finden kann. Machen Sie mit Ihrem Kind einen Ausflug dahin und suchen Sie Steine, die aussehen wie eine Maus, ein Frosch, Schumis Ferrari. Und nehmen Sie ruhig auch ein paar unscheinbare, kleinere Exemplare mit nach Hause.

Das Material:
- Kieselsteine
- Nach Belieben: Farbe (Plaka-Farbe oder Wasserfarbe, Filzstifte), Flüssigkleber, Schnur, Watte, Stoffreste

Für die Mosaike:
- Gips oder Mörtel und eine flache Form (z. B. die Pappschachtel von Weichkäseecken oder der Deckel einer leeren Waschmittelpackung)

Legen Sie Zeitungspapier oder eine Malunterlage auf einen Tisch und betrachten Sie gemeinsam Ihre gewaschenen Schätze. Dem Mausstein fehlen vielleicht ein Stück Schnur als Schwanz und ein paar Ohren aus Stoffresten? Der Frosch braucht grüne Farbe und ein anderer Stein bekommt ein Zwergengesicht mit einem Bart aus Watte ... Sie werden staunen, welche Ideen Ihr Kind entwickelt! Räumen sie dem entstandenen Stein-Wunderland einen Ehrenplatz im Regal oder auf dem Fensterbrett ein.

Mosaike wie im alten Rom:

Lassen Sie Ihr Kind die kleineren Steine zu Männchen oder Tierfiguren zusammenlegen und entsprechend anmalen. Rühren Sie unterdessen Gips oder Mörtel an und geben Sie ihn in die flache Form. Nun kann das Kind seine Figur in die Masse drücken und antrocknen lassen. Aus vielen kleinen Steinchen kann man auf diese Art auch – wie die antiken Kunsthandwerker – schöne Muster zaubern.

Erste Meisterwerke aus Holz

Wenn man sie lässt, sind schon jüngere Kinder tüchtige Handwerker, gern in Gesellschaft: Vielleicht darf Ihr Kind eine Freundin oder einen Freund einladen, wenn keine Geschwister da sind. Sorgen Sie von Anfang an für eine ruhige Arbeitsatmosphäre. Wenn die Kinder zappelig werden, lassen Sie sie eine Pause einlegen. Beim Werken sollten alle konzentriert sein, damit nichts schief geht.

Das Material:

- Holzreste (z. B. vom Schreiner oder aus dem Baumarkt), weiche Sorten sind Fichte und Lärche
- Nägel, Hammer, bei jüngeren Kindern Holzkleber
- Eventuell Schnur und Korken

Und schon kann's losgehen: Bereiten Sie die Arbeitsumgebung vor. Wenn Sie keine Werkbank zur Verfügung haben, dann schützen Sie Ihren Tisch mit Unterlagen und Zeitungspapier. Legen Sie die Holzstücke und eventuell anderes Material wie Schnur und Korken zurecht. Kleine Kinder leimen die Holzstücke zusammen, ältere Kinder dürfen ruhig mit Hammer und Nägeln umgehen. Überlassen Sie es der Fantasie der Kinder, in was sich die Holzstücke verwandeln. Lenken Sie nur ein, wenn die Pläne offensichtlich undurchführbar sind.

Ein Holzboot bekommt eine Reling aus Nägeln, die mit einer Schnur verbunden werden. Ein kleineres Stück verwandelt sich in die Kajüte. Ein Stück Korken wird zum Steuerrad. So ein Holzstück kann in kreativen Kinderhänden natürlich auch zum Rennauto werden, zum Flugzeug oder als Puppenwagen Karriere machen. Lassen Sie sich überraschen!

Einfache Schiffchen

Schiffe, die man an einer Schnur halten und im Bach schwimmen lassen kann, begeistern alle Kinder im Kindergartenalter. Sie brauchen natürlich einen Bach oder See in der Nähe, an dem das Kind ungefährdet entlang laufen und sein Schiffe ziehen kann. Natürlich lassen Sie Ihr Kind am Wasser niemals unbeaufsichtigt.

Das wird benötigt:
- Styropor etwa in der Größe eines Taschenbuches, alternativ: ein größeres Stück Baumrinde
- Eventuell Korken, Streichholzschachteln, Flüssigkleber
- Lange Paketschnur
- Handbohrer oder ein anderer spitzer Gegenstand

Und so einfach funktioniert es:

Probieren Sie die Schwimmtauglichkeit des Styroporstückchens oder der Baumrinde am Waschbecken aus. Wenn Ihr Kind eine Kajüte aus leeren Streichholzschachteln aufkleben möchte, dann können Sie mit Korken unten ein Gegengewicht herstellen. Sobald das Boot im Waschbecken gut und sicher schwimmt – und auch von kleinen Wellen nicht umgeworfen wird – bohren Sie in das vordere Ende mit dem Handbohrer ein Loch, ziehen die Schnur durch und verknoten sie. Schon kann es losgehen zur Jungfernfahrt im Bach oder See!

Kunstvoller Kopfschmuck

Ein Basteltipp für alle, die nicht gerne basteln. Denn mit wenig Aufwand erzielen Sie große Effekte.

Das Material:
- Bunter Fotokarton oder Wellpappe (min. DIN-A4-Format)
- Dünnes Gummiband aus der Kurzwarenabteilung
- Schmuck nach Belieben, Klebestift, flüssiger Kleber

Schneiden Sie Karton oder Pappe längs in 4-5 cm breite Streifen. Legen Sie Ihrem Kind zum Abmessen einen Streifen um den Kopf. Hinten sollten ca. 2-3 cm frei bleiben, die mit dem Gummiband überbrückt werden.
Je ein kleines Loch in die Enden machen, ein Stück Gummiband auf einer Seite hindurchfädeln und fest verknoten. Die andere Seite noch offen lassen.

Für ein Indianerband darf Ihr Kind tolle Zickzackmuster auf das Stirnband malen oder Federn, Perlen und anderen Schmuck aufkleben. Zum Ritterschmuck wird das Band durch ein in der Mitte aufgeklebtes, kunstvolles Wappen aus Karton – und Prinzessinnen brauchen natürlich Glitzerpulver, das auf flüssigem Kleber gut hält.

Solche Bänder können Sie sogar für eine kleine Party mit mehreren Kindern vorbereiten. Stellen Sie verschiedene Materialien zum Verzieren bereit – und die Kinder sind mindestens eine halbe Stunde kreativ beschäftigt!

Werken mit Kindern ab 5 Jahren

Blechdosen-Laterne

Eine Laterne aus Blech? Wie sieht denn die aus? Über Schönheit braucht man nicht zu streiten – aber originell ist sie auf jeden Fall, die Blechdosen-Laterne, das muss auch der Skeptiker zugeben.

Das Material:
- Leere Konservendose(n)
- Ein Ast oder ein anderes rundes Holzstück, das in die Dose passt
- Feile, Nagel, leichter Hammer, Draht, Kerze, Holzstab, evtl. Haken

So einfach ist das Prinzip:

Feilen Sie zur Vorbereitung die scharfen Ränder der Konservendose glatt. Dann dürfen die Kinder mit Nagel und Hammer Lochmuster in das Blech schlagen. Die Dose verbeult sich nicht so stark, wenn ein Stück Holz hineingeschoben wird. Je mehr Löcher die Dose bekommt, desto heller leuchtet die Laterne.

Den Draht in zwei Löcher oben unter dem Rand einfädeln und die Enden fest verdrehen. Den Haken in den Holzstab bohren und die Laterne daran aufhängen.

Eine dicke Kerze auf dem Dosenboden festbrennen – und gespannt auf die Dunkelheit warten!

Traumhaus oder Ritterburg

Aus Kartons entstehen im Nu die tollsten Gebäude. Natürlich gibt es dabei eine Menge Unordnung – aber es lohnt sich! Mütter und andere „Ordnungshüter" am besten aus dem Haus schicken! Natürlich ist das gemeinsame Aufräumen hinterher Ehrensache!

Das Material:
- Sehr viele kleinere Kartons (gibt es oft in Supermärkten umsonst) oder einige größere Kartons
- Kreppklebeband
- Zeitungspapier
- Kleister, Fingerfarben
- Folie oder ausreichend Zeitungspapier zum Abdecken des Bodens

Und so geht's:

Ihre Tochter möchte einen Kaufladen mit Theke? Der Sohn ein Haus ganz für sich allein? Kein Problem. Planen Sie gemeinsam mit dem Kind, wie das Haus aussehen soll. Zählen Sie Ihre Kartons und überschlagen Sie, wie groß die Grundfläche damit werden kann. Toll ist es natürlich, wenn das Haus so groß ausfällt, dass ein oder zwei Kinder darin Platz finden. Dann stapeln Sie mit dem Kind gemeinsam die Kartons wie Legosteine übereinander, lassen Lücken für die Fenster und eine Tür und fixieren alles gut mit Klebeband. Anschließend können die Wände mit Kleister und Zeitungspapier „tapeziert" werden. Dadurch wird das Haus auch stabiler.

Als Dach eignen sich auseinandergefaltete Umzugskartons oder einfach eine Decke. Sobald der Kleister vollständig getrocknet ist, können Sie die Zeitungswände mit Fingerfarbe verschönern.

Da entstehen Fensterbretter mit Blumentöpfen aus Farbe, hier deuten Linien Ziegelwerk an und dort wachsen Grashalme an der Mauer empor...

Alternative: Puppenhaus im Miniformat

Natürlich kann man mit Kartons auch tiefer stapeln. Für das Minihaus lassen Sie Ihr Kind einen Karton am besten mit Innenraumfarbe oder wenig verdünnter heller Wasserfarbe anstreichen. Anschließend schneiden Sie ihn so zurecht:

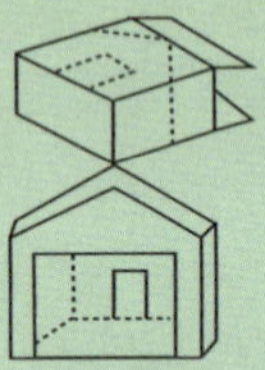

Auf der Rückseite schneiden Sie den Großteil der Wand weg, damit die Puppen auch in ihr Haus hinein können. Als Dach schneiden Sie die Reste des Pappkartons zurecht oder Wellpappe, die vorher rot angemalt wurde. Jetzt fehlen noch die Fenster, dann ist das Haus bewohnbar.

Museum auf dem Fensterbrett

Die meisten Kinder sammeln gerne alle möglichen Dinge, die sie besonders schön finden: Federn, tolle Steine, Kastanien, Muscheln, Schneckenhäuser...

In vielen Familien haben die Väter ein bisschen mehr Verständnis für diese Sammelleidenschaft der Kinder als die Mütter. Helfen Sie Ihrem Kind, die Sammlerstücke möglichst dekorativ aufzubewahren, dann lässt sich bestimmt auch die Mutter überzeugen.

Das Material:
- Schuhkartons
- Seidenpapier in verschiedenen Farben
- Bindfaden, große Stopfnadel
- Schere, Klebestift
- Sammlerstücke

Und so wird ein Museum daraus:

Betrachten Sie mit dem Kind gemeinsam seine wertvollsten „Schätze". Überlegen Sie, welche Farbe am besten zu den Stücken – oder aber ins Kinderzimmer – passt. Kleiden Sie dann die Innenseiten eines Schuhkartons mit Seidenpapier aus und kleben Sie es großzügig fest. Stellen Sie den Schuhkarton so auf, dass die offene Seite ins Zimmer zeigt. Leichte Sammlerstücke wie Muscheln, Kastanien oder Federn werden an das Ende eines Bindfadens gebunden und dann mit Hilfe der Stopfnadel oben durch die Decke des „Museums" gehängt. Den Faden außen mehrfach verknoten! Größere Objekte einfach auf dem Boden des Museums ausstellen. Je nach Art und Menge der Sammlerstücke können auch verschiedene Kartons die einzelnen Räume eines Museums darstellen, z. B. einen Raum mit botanischen Fundstücken, einen mit geologischen und so weiter.

Werken mit Kindern ab 8 Jahren

Das ganz besondere Puzzle

Schenken macht Spaß – Kindern ganz besonders. Begeistert basteln und kleben sie vor Geburtstagen oder Weihnachten und freuen sich schon im Voraus darauf, wie die Beschenkten staunen werden. Grundschulkinder hätten aber gerne auch manchmal mehr als ein Bild zum Verschenken. Schön, wenn Papa sich die Zeit nimmt und ein paar ganz besondere Geschenke „auf Vorrat" hergestellt werden können. Der kleine Bruder steht auf Tiger? Dann ist ein Tigerpuzzle genau das richtige Geschenk. Die kleine Cousine mag alles in Rosa? Auch das ist kein Problem! Mama soll einen Gutschein für 10-maliges morgendliches Tischdecken bekommen? Dann muss sie den Gutschein erst einmal zusammensetzen! Der Fantasie sind keine Grenzen gesetzt, wenn es um Motive für ein selbst gemachtes Puzzle geht.

Das Material:

- Eine 0,4 cm dicke Sperrholzplatte (z. B. 20 x 20 cm)
- Laubsäge
- Schmirgelpapier
- Klebeband
- Plaka-Farbe, Pinsel, Lack

Und so funktioniert es:

Zeigen Sie Ihrem Kind zuerst, wie man mit der Laubsäge arbeitet. Vielleicht haben Sie ein Stück Sperrholz zum Üben zur Hand. Wenn Sie das Gefühl haben, Ihr Kind kommt mit der Materie zurecht, dann trauen Sie ihm ruhig zu, das Puzzle mit möglichst wenig Hilfestellung zu zersägen. Dafür werden mit Bleistift Puzzleteile auf die Sperrholzplatte aufgemalt. Wenn Ihr Kind erst wenig Erfahrung mit der Laubsäge hat, dann am besten zunächst große Teile mit einfachen, geometrischen Formen wählen. Nun wird entlang den Linien gesägt. Es ist nicht wichtig, dass sich das Kind ganz streng an alle Linien hält! Viel wichtiger ist das Gefühl, es (fast) allein geschafft zu haben!

Anschließend werden alle Teile mit Schmirgelpapier schön glatt poliert (nicht zu fest, sonst passen sie nicht mehr). Dann wird das Puzzle zusammengesetzt und von der Rückseite mit Klebeband fixiert. Zum Schluss kommt das gewünschte Motiv auf die Vorderseite. Plaka-Farben sind gut geeignet und können anschließend auch noch mit Lack zum Glänzen gebracht werden. Wenn die Farbe oder der Lack richtig trocken sind, kann das Klebeband entfernt und das Puzzle in einen Karton oder eine Tüte mit bunter Schleife gepackt werden.

Nagel-Bilder

Mit dieser Technik kommen Mädchen wie Jungen prima zurecht. Und die Ergebnisse sind wunderschön!

Das Material:

- Ein Holzbrett (weiches Holz)
- Nägel mit breitem Kopf, kinderleichter Hammer
- Zirkel, eventuell Winkelmaß
- Dünne Wolle (oder Stopfgarn) in verschiedenen Farben

Und so geht es:

Mit dem Zirkel (oder einem großen Teller als Schablone) einen Kreis auf die Holzplatte zeichnen. Dann entweder mit Hilfe des Winkelmaßes oder freihändig in gleichen Abständen Punkte auf dem Kreisrand markieren. In diese Punkte schlägt das Kind dann die Nägel – und zwar nur so weit, dass sie fest stehen, aber noch rund 1 cm weit über die Platte ragen. Nach dieser Arbeit kommt das Muster an die Reihe. Ein Faden in beliebiger Farbe wird an einem Nagel festgeknotet. Das ist etwas kniffelig, aber mit vereinten Kräften zu schaffen. Dann wird der Faden in gleichmäßigem Rhythmus rund herum gespannt. Der erste Faden könnte z. B. um jeden zweiten Nagel gewickelt werden, also bleibt jeweils ein Nagel frei. Wenn die Runde beendet ist, wird ein andersfarbiger Faden angeknotet und in einem anderen Rhythmus (zwei Nägel auslassen) gespannt. Beim dritten Faden drei Nägel auslassen und so fort. Je kleiner das Nagelbild ist, je weniger Nägel also den Kreis bilden, umso schneller ist das Muster fertig. Vielleicht findet Ihr Kind immer neue Variationen (z. B. ein innerer Kreis in einer Farbe, wobei erst vier, dann fünf und dann sechs Nägel übersprungen werden; einen Rand in einer anderen Farbe, dabei erst einen Nagel, dann zwei, dann drei auslassen.)

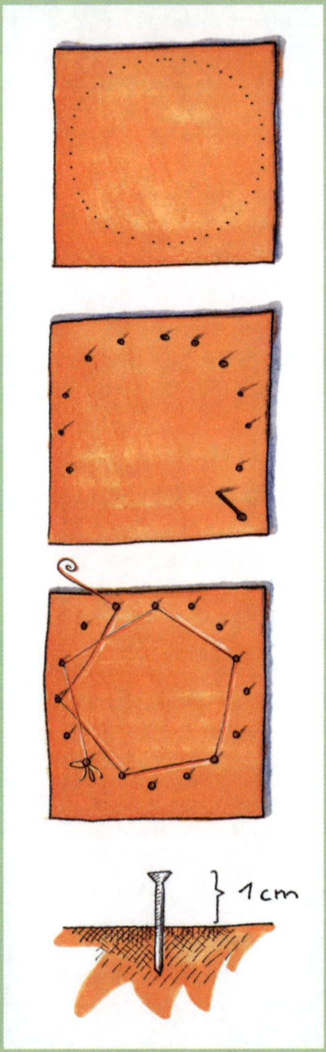

Paparieren

Tomas Burock aus Frankfurt am Main ist Vater von zwei Töchtern. Er hat sich bereits häufig als Heimwerker und gleichzeitig Retter in der Not bewährt:

„Als Mädchen-Papa hat man es anfangs etwas schwerer, mit den Kindern zu spielen, als ein Jungen-Papa. Wieso? Als Jungen-Papa hat man die Grundkenntnisse in der eigenen Jugend gelernt. Als Mädchen-Papa fängt man ganz von vorne an.

Wenn einem nicht doch das Gelernte von früher helfen kann … Was haben wir denn früher gemacht? Ja, gebastelt! Wir haben geschraubt, gesägt, gefeilt, geklebt und alles was ging zerlegt und wieder zusammengebaut. Diese Fertigkeiten helfen uns beispielsweise beim Barbie-Spielen? Ja! Hier das kleine 1 x 1 des Barbie-Doktors (die folgende Vorgehensweise gilt nicht für die neue Barbie mit Gelenk, sondern für die älteren Puppen):

Ältere Barbies haben komischerweise meist eine Krankheit, das linke Bein geht ab und der Haltepinokel in der Hüfte gibt nach einiger Zeit dann auch auf. Spätestens dann sind wir Mädchen-Papas gefordert, dem traurigen Töchterchen zu zeigen, dass wir der ganz große Papa sind. Dann kommt der Spruch, der bei uns zum geflügelten Wort wurde: 'Papa, kannst du meine Barbie reparieren?' Dies aus dem Munde eines traurigen Mädchens, so mit Träne im Auge und leiser Stimme, hört sich an wie PAPARIEREN, was dann später, wenn wieder was kaputt ging, freudestrahlend schon aus der Entfernung gerufen wurde. Der Spruch von Papa: 'Sie muss ins Krankenhaus' gab dann noch mal große Augen …

Also ab ans Werk: Man nehme eine Linsenschraube M5 x 25 und bearbeite den Kopf mit einem geeigneten Werkzeug (z. B. Bandschleifer), bis der Schraubenkopf mit leichtem Druck in den Oberschenkel einrastet. Dann bohre man ein 4er Loch in das Becken (bitte mittig, sonst hinkt sie) von Barbie und schneide ein 5er Gewinde hinein. Nun die Schraube so weit hineindrehen, bis der Abstand stimmt, die Schraube zwei Umdrehungen wieder herausdrehen, einen Tropfen Sekundenkleber auf das Gewinde geben und wieder hineindrehen. Jetzt bloß nicht den Oberschenkel auf die Schraube drücken. Das würde ein steifes Bein geben, weil der Sekundenkleber dann alles verklebt. Dann nach kurzer Wartezeit den Oberschenkel auf die Schraube drücken und fertig. Barbie hat ein neues Hüftgelenk! Und wenn man etwas geübt hat, kann man das vor dem oder den Töchterchen zelebrieren und dann leuchten die Augen erst richtig. Also gelernt ist gelernt, auch als Mädchen-Papa.

PS: Solche Kenntnisse können aber auch viel Arbeit bedeuten, wenn die Mädels stolz von ihrem Papa bei den Nachbarskindern schwärmen, was der so alles paparieren kann.“

Von Ostern bis Weihnachten

Saisongerechte Basteltipps

FASCHING

Einfache Masken

Dem Kostüm Ihres Kindes fehlt noch der letzte Schliff? Oder mag es sich am liebsten gar nicht verkleiden und braucht eine originelle Maske, damit es auf die Faschingsparty gehen kann? Dann suchen Sie gemeinsam heraus, was sich an Bastelmaterial in Ihrem Haushalt findet. Masken lassen sich aus Papptellern vom letzten Kindergeburtstag genauso herstellen wie aus Fotokarton.

Sie brauchen in beiden Fällen Gummiband, damit die Maske vor dem Gesicht hält – oder einfach einen runden Holzstab, an den die Maske geklebt und bei Bedarf vor das Gesicht gehalten werden kann. Schneiden Sie Löcher für Augen und Nase aus und lassen Sie das Kind die Maske mit allem verzieren, was Sie vorrätig haben: Perlen und Glitzerband für Prinzessinnen oder Feen, Federn und Stoffbänder für Indianer, Bärte und Haare aus Wollresten für wilde Kerle oder Piraten. Die Gummibänder werden durch Löcher gefädelt, die Sie am besten mit dem Locher an den Maskenrand knipsen. Der Holzstab wird mit starkem Klebeband an der Rückseite der Maske befestigt. Nach der Party sind solche Masken in der Faschingszeit auch ein toller Kinderzimmer- oder Fensterschmuck.

Dr. Hans Prömper mit Ehefrau Corinna und den Kindern Hannah (8) und Martin (4) aus Offenbach am Main

OSTERN

Der Osterzoo

Hühnereier vom Osterhasen? Manche Traditionen sind tatsächlich nicht so ohne weiteres nachvollziehbar. Schön sind sie trotzdem – besonders für Kinder. Und aus Hühnereiern lässt sich eine Menge basteln. Fangen Sie die Eiermasse beim Ausblasen der Eier in einer Schüssel auf und bereiten Sie z. B. Eierpfannkuchen daraus – die schmecken nach dem Kreativsein besonders gut!

Das Material für den Osterzoo:

- Hühnereier
- Nadel
- Fotokarton, Filz; kleine, bunte Federn, Filzstifte
- Evtl. Streichhölzer und Nähgarn
- Schere, Klebestift

Und so entsteht der Zoo:

Waschen Sie die rohen Eier vorsichtig sauber. Stechen Sie mit der Nadel oben und unten Löcher von ca. 3 mm Durchmesser in die Schale und die darunter liegende Haut. Dann setzen Sie die Lippen an eines der Löcher und pusten wie beim Ballonaufblasen, bis alle Flüssigkeit zum hinteren Loch hinausgelaufen ist. Kinder schaffen das allerdings nicht! Eine andere Möglichkeit ist das Absaugen der Eimasse mit einer Spritze. Dafür machen Sie nur ein Loch in die dicke Seite des Eies. Waschen Sie das ausgeblasene Ei wieder vorsichtig sauber. Aus den Brucheiern, die dabei vielleicht entstehen, lässt sich die Babystation des Zoos basteln.

Norbert Landersheim mit Sohn Martin, 2 1/2 Jahre, aus Frankfurt am Main

Besprechen Sie mit Ihrem Kind, welche Tiere aus Eiern schlüpfen. Dann schneiden Sie aus Fotokarton in der entsprechenden Farbe z. B. ein kleines Krokodil aus. Rollen Sie das Krokodil vom Schwanz her zusammen und stecken Sie es in eine zerbrochene Eierschale. Der Kopf ist bereits geschlüpft. Genauso können Sie Schlangenkinder, Schildkrötenbabys oder Küken schlüpfen lassen. Die ganz gebliebenen Eier bekommen Schnäbel aus rotem Filz, Flügel und Schwanz aus Federn angeklebt und die Augen mit einem Filzstift aufgemalt. Aus braunem Fotokarton kann man auch lange Hasenohren ausschneiden und auf ein Ei kleben, das vorher braun angemalt wurde. Als Stummelschwanz dient ein kleiner Filzkreis. Je nach Form und Farbe der Ohren, die Sie ausschneiden, können Sie den Zoo auch um (Raub-)Katzen, Mäuse und andere Tiere erweitern. Zum Stehen kommen die Tiere in Eierbechern. Sie können aber auch große Füße aus Fotokarton schneiden und unten am Ei festkleben. Mit etwas Geschick stehen die Eiertiere dann von allein.

SOMMER

Sommer – das ist Sonnenzeit, häufig auch Urlaubszeit, und da bietet sich natürlich Aktivsein im Freien an:

Golfen im Grünen

Mit einem Spazierstock oder einem Stockschirm und einem Tennis-, Tischtennis- oder Gummiball und jeder Menge anderer Utensilien lässt sich sowohl im Garten als auch im Park oder auf der Wiese ein wunderschöner Minigolfplatz anlegen. Zuerst muss natürlich geplant und gebastelt werden: Blumentöpfe, die es als Hindernisse zu umspielen gilt; Papprröhren und Kartons, alte Autoreifen, Dachrinnen und anderes mehr ergeben eine geeignete Spielbahn. Jeder baut ein anderes Hindernis und jetzt müssen alle Familienmitglieder nacheinander die einzelnen Stationen überwinden. Gezählt werden die Schläge (= Punkte), die man für ein Hindernis braucht. Wer zum Schluss die wenigsten Punkte hat, ist Sieger.

Das besondere Hörspiel

Jeder Mitspieler nimmt sich Papier und Bleistift und sucht sich draußen ein gemütliches Plätzchen. Nun hat jeder fünf Minuten Zeit, alles aufzuschreiben, was er gehört hat: Vogelgezwitscher, Hundegebell, Autohupe, Rufe der Nachbarskinder usw. Wer nach dieser Zeit die meisten Geräusche auf seinem Zettel notiert hat, gewinnt. Noch ein bisschen schwieriger lässt sich das Spiel gestalten, indem nach dem Aufschreiben alle doppelten Geräusche gestrichen werden. Gewonnen hat, wer dann noch die meisten Geräusche auf seinem Zettel stehen hat.

Mario Pal mit Sohn Farin, 5 Jahre, aus Leipzig

HERBST

Der Herbst hat viele Gesichter: Bunte Blätter, die im Sonnenlicht wunderbar leuchten; starker Wind, der Drachen steigen lässt; aber auch kalte und graue Tage, an denen man sich über bunte Lichter auf dem Tisch und fröhliche Fensterbilder freut.

Drachenbau – ein schwieriges Handwerk

Für richtig gute Drachen, die auch noch wirklich fliegen, ist viel Zeit und Mühe nötig – und ein ausführlicher Ratgeber. Sie finden über das Internet oder im Buchhandel mit Sicherheit die richtige Hilfe. Das einfache Modell, das wir Ihnen hier vorstellen, dient mehr dazu, den Kindern das Prinzip eines Drachens zu erklären:

– Damit der Drachen fliegen kann, muss er aus sehr leichtem Material hergestellt werden, je kleiner er ist, desto leichter das Material (z.B. Seidenpapier oder Zeitungspapier)

– Der Drachen muss auch ohne Wind im Gleichgewicht sein. Wenn man ihn an der Halteschnur nach unten hält, darf er weder nach links noch nach rechts abkippen, sonst muss die leichtere Seite durch Aufkleben von Papierresten schwerer gemacht werden.

– Der Drachenschwanz dient nicht nur zur Zierde. Er muss bei starkem Wind relativ schwer sein. Dreht sich der Drachen um sich selbst, ist der Schwanz zu leicht. Steigt er nicht hoch, ist vielleicht der Schwanz zu schwer.

Das Material:

- Zeitungspapier
- Leichte Holzleisten oder Bambusrohr
- Drachenschnur mit Spule
- Schere, Kleber

Und so funktioniert es:

Das Drachengerüst besteht aus zwei kreuzweise verleimten und zusätzlich am Kreuzpunkt mit Schnur fixierten Holzleisten. Das Herstellen des Gleichgewichts ist der Schlüssel zum Drachenbau. Am einfachsten gelingt das mit symmetrischen Figuren. Einen großen (doppelten) Bogen Zeitungspapier an der Faltkante aufeinander legen. So braucht nur die Hälfte einer Form in Größe des Gerüstes gemalt zu werden. Nach dem Ausschneiden klappt man das Papier auseinander und hat rechts und links der Mittelachse (Faltkante) zwei vollkommen gleiche Teile. Wie in unserem Bild wird zunächst eine Halteschnur vom Kreuzungspunkt bis zu einem Punkt an der unteren Leiste angebracht, der immer wieder verändert werden muss, bis das Gleichgewicht hergestellt ist. Dann kann die Drachenschnur an der Halteschnur befestigt werden. Fertig, Los!

Leuchtende Igel für graue Tage

Als Fensterbilder sind diese Igel im Herbst genau richtig. Sie sehen lustig aus und sind einfach nachzumachen.

Das Material:

- Fotokarton in Igelfarben (braun oder grau)
- Seidenpapier in leuchtenden Farben
- Schere, Stift, Klebestift

Und so werden Igel daraus: Zeichnen Sie gemeinsam mit dem Kind die Umrisse von dicken Igeln in beliebiger Größe auf den Fotokarton und schneiden Sie die Igel aus. Nun müssen in die Igelbäuche ovale Löcher geschnitten und mit Seidenpapier hinterklebt werden. Dafür brauchen Sie Seidenpapierstücke, die etwas größer sind als die herausgeschnittenen ovalen Löcher im Igelbauch. Auf der Vorderseite des Igels kann das Seidenpapier zum Schluss mit kleinen Schnipseln aus Fotokartonresten beklebt werden. Nicht zu dicht bekleben, damit noch genug leuchtendes Seidenpapier zu sehen bleibt. Ganze Igelfamilien sehen an einem Fenster besonders hübsch aus.

Franziskus Wendels mit Tochter Vivienne, 4 Jahre, aus Köln

WEIHNACHTEN

Geschenkpapier selbst herstellen

Alle Jahre wieder freuen sich kleine und große Kinder auf Weihnachten und alle Jahre wieder fragen sich Papas und Mamas, wie sie ihren Sprösslingen die Adventszeit gestalten können. Hier ein paar Ideen.

Das wird benötigt:

- Papierrolle oder anderes dünnes Papier
- 1 Kartoffel
- Spitzes Messer, Sternchenform
- Wasserfarben, Pinsel

Und so geht's:

Die Kartoffel mit einem glatten Schnitt halbieren. Auf der Schnittfläche mit einem Mini-Plätzchenausstecher oder freihändig z. B. einen Stern markieren. Dann mit dem Messer den äußeren Rand wegschneiden, damit der Stern etwas höher steht als die Umgebung. Nun kann das Kind den Stern mit Wasserfarbe bepinseln und so oft auf das Papier drücken, bis es sich in wunderschönes Geschenkpapier verwandelt hat.

Adventskalender

Der 11-jährige Eric und sein Vater Karsten Hartmann aus Seligenstadt haben tolle Basteltipps für originelle Adventskalender geschickt. Eric schreibt: „Immer wenn es bald Weihnachten ist, verschwindet mein Papa im Keller und sagt nicht warum. Ich weiß es aber mittlerweile. Er bastelt wieder einen Adventskalender. Das macht er jedes Jahr. Und meine Schwester und ich haben noch nie einen Kalender zweimal gehabt. Da gab es mal einen Angelteich aus bunten Papierfischen oder einen aus Holz ausgesägten Schneemann mit bunten Päckchen daran. Die besten waren aber ein Eskimodorf und zwei Jahre später ein Indianerdorf mit Lagerfeuer und Trockenstelle für Bisonfelle. Immer wenn mein Papa vor Weihnachten im Keller verschwindet, freue ich mich schon auf meinen neuen selbstgebauten Kalender."

Material für das Eskimodorf:
- 12 zweigeteilte, ausgehöhlte Styroporkugeln (aus dem Bastel- oder Dekogeschäft) für Iglu 1–23. Nummer 24 sollte eine entsprechend größere Kugel sein.
- Eine Styroporplatte (Größe entsprechend der Kugelgröße)
- Dünner schwarzer Filzstift
- Stoffreste für die Iglutüren

Je Iglu nimmt man eine Kugelhälfte. Diese wird mit dem Filzstift so bemalt, dass ein Eisblockmuster entsteht. Mit einem scharfen Messer schneidet man dann die Tür aus und befestigt einen Stoffrest von innen als Türvorhang. Das geht mit einem Reißzweck recht gut. Die fertigen und mit Kalenderallerlei gefüllten Iglus auf die Styroporplatte stellen. Die Platte je nach Bedarf etwas zackig schneiden. So sieht sie natürlicher aus und aus den Resten lassen sich sogar noch kleine Eisberge bauen.

Material für das Indianerdorf:
- ca. 150 Schaschlikspieße aus Holz (je 6 für ein Tipi)
- eine Rolle braunes Packpapier als Tipibespannung
- Wasserfarbkasten zum Verzieren und Nummerieren der Tipis
- Heißklebepistole zum Fixieren der Spieße und Festkleben der Tipibespannung
- evtl. eine Holzplatte als Untergrund

Das Warten auf die Weihnachtszeit macht jetzt noch mal so viel Spaß.

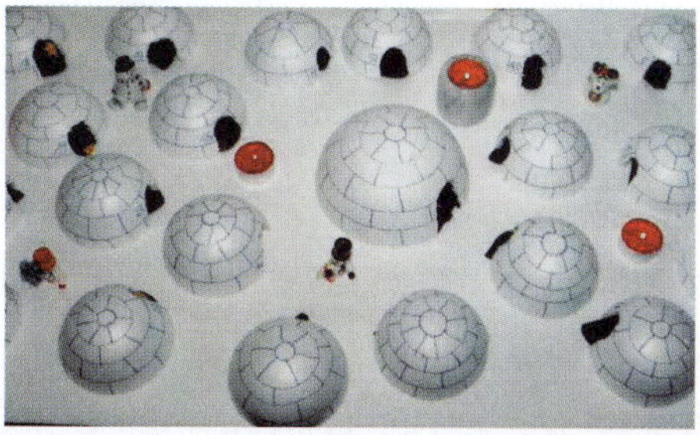

Aus Forschung und Wissenschaft

Kinder sind kleine Wissenschaftler. Sie verfügen über eine angeborene Neugier, interessieren sich von Anfang an für die Welt um sie herum und schauen mit wachen Augen in die Welt. Sobald sie dazu in der Lage sind, nehmen sie Gegenstände auseinander und untersuchen sie. Nichts ist vor ihnen sicher. Oft zum Leidwesen der Eltern.

Dabei tun die Kleinen genau genommen nur das, was auch Forscher bei ihrer Arbeit tun: experimentieren und analysieren. Sie zerlegen Dinge, fügen sie wieder zusammen und probieren dabei verschiedene Möglichkeiten aus. Wie könnte man Kindern das verübeln?

Machen wir mit dem bekannten Neurowissenschaftler Prof. Manfred Spitzer, Ulm, einen kleinen Exkurs in die Erkenntnisse der Hirnforschung: „Mit jeder Erfahrung, jedem Wahrnehmungs-, Denk- und Gefühlsakt gehen flüchtige, wenige Millisekunden dauernde Aktivierungsmuster im Gehirn einher. Deren Verarbeitung verändert langfristig das Gehirn. Und im Gehirn prägt sich besonders gut ein, was über mehrere Sinne hineingelangt."

Trampelpfade im Gehirn

Was ein Kind selbst durch spielerische Beschäftigung, durch Sehen, Hören, Riechen, Schmecken, Tasten erfährt, hinterlässt deutliche Spuren in seinem Gehirn: Je mehr Erfahrungen es macht, desto mehr und tiefere Spuren bilden sich aus. „Trampelpfade" nennt Prof. Spitzer sie bildhaft. Einmal vorhandene Spuren ermöglichen, dass neue Informationen leichter verarbeitet werden, und erhöhen Geschwindigkeit und Zuverlässigkeit der Informationsverarbeitung im Gehirn. Selbst gemachte Erfahrungen erleichtern und fördern das Lernen.

„Wenn die Sonne scheint, wird es warm; Honig ist süß und Vogelkirschen sind giftig; wenn zwei Gegenstände zusammenstoßen, macht das Krach etc. All dies muss ein junges Menschenkind lernen, und dies tut es durch Auseinandersetzung mit der Welt", sagt Prof. Spitzer, „im Gehirn bleiben Spuren dieser Auseinandersetzungen, die jedes Kleinkind nicht nur passiv erlebt, sondern aktiv sucht. Ein Kind braucht die Gelegenheit dazu."

Und es braucht Bezugspersonen, die ihm die Welt entdecken helfen. Die dem Baby zeigen, wie unterschiedlich sich harte und weiche Dinge anfühlen, oder dem Kleinkind vermitteln, wie unterschiedliche Formen ineinander passen. Und die das Schulkind mit den kleinen und großen Wundern um uns herum vertraut machen und es langsam an kompliziertere Phänomene heranführen.

Täglich ein Aha-Erlebnis

Die Welt ist voll spannender, teils kurioser Phänomene. Alltäglich werden wir mit einer Vielzahl von ihnen konfrontiert. Doch Erwachsene nehmen diese Phänomene oft kaum mehr wahr oder sie sehen sie als selbstverständlich an und hinterfragen sie deshalb nicht.

Ganz anders ist das bei Kindern. Für sie ist die Welt ein Buch mit sieben Siegeln, das sie sich Stück für Stück erschließen müssen – und wollen. Unerbittlich fragen sie ihren Eltern Löcher in den Bauch. Und spätestens dann wird offensichtlich, dass einiges, was Papa bisher vielleicht einfach und selbstverständlich schien, gar nicht so leicht zu erklären ist!

Wolfgang Ruis und Tochter Sina, 6 Jahre, aus Durlangen

Hier ein paar Testfragen, die von Ihrem Nachwuchs kommen könnten:

- Warum zeigt eine Kompassnadel immer nach Norden?
- Warum empfindet man die gleiche Temperatur mal als kühl und mal als lauwarm?
- Warum schwimmt ein großes Schiff, während ein kleiner Stein untergeht?

Gar nicht so leicht zu beantworten …

Aber auch ohne lange Erklärungen lassen sich Alltagsphänomene wie diese veranschaulichen und zusammen mit Kindern erforschen. Die ScienceX-Serie von Ravensburger beispielsweise ermöglicht großen und kleinen Tüftlern, die Welt durch eigene Experimente zu entdecken. Ob es um Eigenschaften von Elementen, um Phänomene wie Magnetismus oder um Sinneswahrnehmungen geht, die Experimentierkästen halten nicht nur jede Menge Spaß und Aha-Erlebnisse für Kinder bereit, sondern bringen auch Erwachsene immer wieder zum Staunen. Mit jeder Mini-Box lassen sich sechs verschiedene Versuche durchführen, die garantiert gelingen. Einige Beispielexperimente zeigen die nächsten beiden Seiten.

Papa, wo ist Norden?

Den Norden orten – das kann Ihr Nachwuchs mit Hilfe des Experimentierkastens ScienceX Magnetismus selbst, indem er zusammen mit Ihnen einen Kompass baut.

Dazu braucht man…

– aus der Box: weißen Faden und 1 Stabmagneten (mit rot markiertem „Nordpol“ und weiß markiertem „Südpol“)
– außerdem: 2 Stühle, Klebeband und 1 Lineal (mind. 30 cm).

Und so funktioniert's:

Während Sie die beiden Stühle jeweils mit der Lehne zueinander stellen und das Lineal über die Lehnen legen, bindet Ihr Sprössling ein Ende des weißen Fadens um die Mitte des Magneten und klebt es fest. Danach lassen Sie Ihr Kind das andere Ende um das Lineal binden, sodass der Magnet frei hängt. Warten Sie gemeinsam, bis der Magnet sich ausgependelt hat. Wenn der Magnet ruhig hängt, zeigt die Nordpolmarkierung genau in Richtung Norden, denn der Nordpol der Erde zieht ihn magnetisch an.

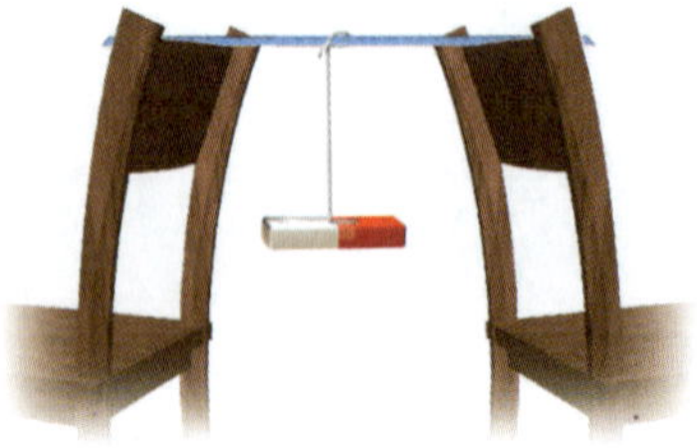

Jetzt kann Ihr Sprössling die Frage nach Nord und Süd selbst beantworten.

Und weil das Entdecken interessanter Phänomene so viel Spaß macht, kann Ihr kleiner Wissenschaftler gleich weiter experimentieren und Büroklammern schweben lassen, magnetische Kraftfelder sichtbar machen, Materialien auf Magnetismus testen, Magneten durch ein Labyrinth wandern lassen und Büroklammern zu Magneten machen.

Wie ein Fisch im Wasser

Warum sich lebende Fische im Wasser fortbewegen können, ist bekannt. Aber wissen Sie, wie man einen Plastikfisch mit Spülmittel zum Schwimmen bringt? Nein? Dann ist das folgende Experiment für Sie bestimmt ein ebenso großes Aha-Erlebnis wie für Ihren Nachwuchs:

Man braucht dazu ...

- aus der Box: 1 Spritze und 1 Plastikfisch (mit Spalt in der Schwanzflosse)
- außerdem: 1 Schüssel, Wasser, Geschirrspülmittel und 1 Tasse.

Und so funktioniert's:

Der kleine Plastikfisch wird in die mit Wasser gefüllte Schüssel gesetzt. Füllen Sie das Spülmittel am besten in eine Tasse, damit Ihr Kind es leichter mit der Spritze aufnehmen kann. Nun lassen Sie Ihren kleinen Forscher vorsichtig ein wenig Spülmittel in den Spalt des Fischschwanzes spritzen – und schauen, was passiert: Der Fisch bewegt sich von selbst vorwärts. Das liegt daran, dass die Moleküle, die eine dünne Haut auf der Wasseroberfläche bilden, sich kurz voneinander lösen. Wenn sie sich wieder zusammenschließen, schieben sie den Fisch vor sich her.

Mit ScienceX Wasser können kleine und große Entdecker außerdem testen, wie viele Murmeln ein Aluboot tragen kann, hydraulische Systeme entdecken, Wasser wandern lassen, Verdunstung messen und Wasser entsalzen.

Lichte Momente

Wenn wir heute wissen wollen, wie spät es ist, schauen wir auf unsere Armbanduhr. Aber woher wussten das die Leute eigentlich früher? Zeigen Sie Ihrem Sprössling doch mal, wie man auch mit Hilfe von Licht und Schatten die Uhrzeit messen kann. Mit ein bisschen Sonne und den Materialien aus dem ScienceX-Kasten Licht geht das ganz einfach.

Man braucht dazu ...

- aus der Box: 1 Plastikstab und 1 Pappständer
- außerdem: 1 Blatt weißes Papier, 1 Bleistift und Klebeband.

Und so funktioniert's:

Einfach den Plastikstab in den Pappständer stecken, den Ständer mit Klebeband in der Mitte des Blattes befestigen – fertig ist das Gerüst der Sonnenuhr. Suchen Sie nun gemeinsam ein sonniges Plätzchen aus. Dort stellen Sie die Uhr auf. Jetzt lassen Sie Ihr Kind die Stelle, auf die der Schatten des Stabes fällt, markieren und die Uhrzeit dazu schreiben. Das Ganze wiederholen Sie im Stundentakt. Denn so wie die Sonne im Tages-verlauf wandert, wandert auch der Schatten-Zeiger mit.

Weitere erhellende Momente hat Ihr Sprössling sicher auch beim Bauen einer Linse oder eines Periskops und wenn er entdeckt, wie man Licht brechen und spiegeln, blockieren und filtern kann.

Mit allen Sinnen

Durch Sehen, Riechen, Hören, Schmecken und Tasten nimmt ein Mensch die Außenwelt überhaupt erst wahr. Aber was bedeutet eigentlich „gut riechen"? Und warum schmeckt Kindern Schokolade so gut und Spinat eher nicht?

Die Midi-Box Fünf Sinne enthält Material für 25 Versuche. Beim Zungentest zum Beispiel lernt Ihr Kind, dass die Zunge aus verschiedenen Zonen besteht, die auf unterschiedliche Geschmacksrichtungen reagieren. Das selbst gebastelte Daumenkino zeigt, wie die Augen Bewegung wahrnehmen, wo eigentlich gar keine ist. Und durch ein erstes Herantasten an die Blindenschrift lernt Ihr Nachwuchs, dass ein Sinn für den anderen einspringen kann.

Die Boxen beinhalten neben Anleitungen und Erklärungen auch alle notwendigen Materialien. Mit ebenso spannenden Versuchen können Nachwuchsforscher auch die Themenfelder Kraft und Bewegung, Luft, Farbe und Akustik erkunden.

Christoph Linden aus Bonn mit Sohn Fynn, 1 1/2 Jahre, auf Borkum

Mit Papa

Die Uhr ist doch verhext! Der Zeiger will sich einfach nicht bewegen. Seit Stunden wird Papa sehnsüchtig erwartet. Eine Ewigkeit dauert es, bis das Auto endlich um die Ecke biegt. Jetzt schnell Papa entgegenstürmen und zu einer Spritztour mit dem Rad überreden …

Wann hat man im Alltag schon mal Zeit, ausgiebig auf Touren zu kommen? In Bewegung sein, Neues kennen lernen, gemeinsam Abenteuer erleben – wäre das nicht wunderbar?

Wochenenden und Ferien sind daher etwas ganz Besonderes. Raus aus dem Alltag und so viel wie möglich ausprobieren, ist die Devise. Ob halsbrecherische Wettfahrten auf dem Skateboard, Geschichten erzählen am Lagerfeuer oder Drachen steigen lassen in freier Natur – jedenfalls einmal die verhexte Uhr vergessen! Denn so jung kommen Väter und Kinder nie wieder zusammen …

unterwegs

Freizeit – so wie Papa es gerne mag

Freizeitaktivitäten gibt es viele. Aber es hat wenig Sinn, sich selbst zu verbiegen, nur um dem Kind einen Gefallen zu tun. Der beste Freund Ihres Sohnes geht mit seinem Papa immer angeln? Schön für die beiden! Wenn es für Sie selbst aber keine langweiligere Vorstellung gibt, als stundenlang am Wasser zu sitzen, dann lassen Sie es bleiben! Ihr Kind würde ohnehin spüren, wenn Sie selbst nur widerwillig oder halbherzig bei der Sache sind. Es gibt sicher viele andere Aktionen, die Ihnen und Ihren Kindern Spaß machen!

Ausflugsziele gibt es überall. Man muss sie nur entdecken. Schlagen Sie eine Straßenkarte auf und markieren Sie in einem Umkreis von etwa einer Autostunde alle interessanten Ziele. Auch der ADAC vermittelt lohnenswerte Ausflugsideen. Aber es müssen nicht immer vier Räder sein. Anregungen für erlebnisreiche, auch speziell für Vater und Kind geeignete Fahrradtouren gibt es über den ADFC – Allgemeiner Deutscher Fahrrad-Club.

Wie wär's mit einem Ausflug...

- ... in ein tolles Erlebnisbad – danach noch gemeinsam essen gehen
- ... ins Theater – je nach Alter der Kinder kann das eine Puppenbühne sein, ein Marionettentheater, ein Schauspiel für Kinder. Ältere Teenager dürfen mit Papa ins „richtige" Theater!
- ... in ein Museum, das alle interessiert, zum Beispiel ein Naturkundemuseum, ein Puppenmuseum, ein Bauernhofmuseum, ein Steinzeit- oder Heimatkundemuseum
- ... zu einem Erdbeerfeld oder einer Apfelplantage, wo man selbst pflücken darf. Anschließend verarbeiten alle die Früchte gemeinsam
- ... zum Flugplatz, an einen Hafen, einen großen Bahnhof, eine Schleuse
- ... zu einem Bauernhof, wo Papa vorher angerufen hat, damit der Bauer Bescheid weiß und alles besichtigt werden darf
- ... in den Tierpark
- ... zum Jahrmarkt oder einem großen Flohmarkt
- ... zu einem besonderen Naturschauspiel, zum Beispiel einem Wasserfall, einer Höhle, einer Grotte
- ... zu einer Ritterburg oder Burgruine

Annika Fenske 13 Jahre, Würselen:
„Die wichtigsten Dinge hat mein Papa mir beigebracht: Fische fangen, angeln, Kirschkerne spucken, schwimmen, Fahrrad fahren ..."

Frank Müller aus Frechen mit seinen Töchtern Charlotta, 5 Jahre, und Anna-Karina, 4 Jahre

Natur pur

Mit ihren Kindern gemeinsam die Natur zu entdecken, gehört für viele Väter zu den liebsten gemeinsamen Freizeitaktivitäten. Holger Will aus Fulda schreibt: „Ich verbringe jede freie Minute mit meiner Tochter Maya und genieße diese Zeit. Wir freuen uns gemeinsam über die Äste, die im Wasser schwimmen, und die Steine, die darüber springen. Wir beobachten gespannt den Sonnenaufgang, den Mond und die Sterne. Den landenden Hubschrauber und den fahrenden Zug. Wir freuen uns über die Bienen und die Ameisen."

Alexander Laue aus Bückeburg sieht die gemeinsam verbrachte Zeit mit seiner Tochter als wichtige Sinneserfahrung: „Ein Kind zu haben bedeutet für mich auch eine Sensibilisierung der Sinne. Nach außen ein Mann mit all seinen Fähigkeiten zur Rationalität und Logik, aber mit einem Kind an meiner Seite habe ich wieder gelernt, langsam zu leben und Details zu beachten. So ist es kaum ein Wunder, dass ich es liebe, mit meiner Tochter bei starkem Wind einen Drachen steigen zu lassen oder in der Herbstzeit mit ihr Pilze zu suchen. Wir gehen in einen Steinbruch und suchen Versteinerungen oder sammeln Muscheln am Wasser. Mit ihr zusammen vergesse ich die Zeit, weil Zeit in diesem Moment keine Rolle mehr spielt. Das wirklich Schöne an der Sache ist, dass sie diese Momente ebenso schätzt, wie ich es tue."

Hindernis-Parcours

Im Freien beschäftigen sich viele Väter gern auch sportlich mit ihren Kindern. Aktivitäten wie Fußball spielen, Inliner fahren oder Fahrrad fahren stehen hoch im Kurs. Zur Abwechslung können alle diese Aktivitäten einmal zum Spiel ausgeweitet werden: Bauen Sie mit den Kindern einen Hindernis-Parcours auf. Je nachdem, ob sie die Hindernisse mit Fahrrad, Roller, Inlinern oder Fußball überwinden möchten, wird der Parcours gestaltet.

TIPP:

Kinder lieben kleine Überraschungen. Holen Sie Ihr Kind doch mal unerwartet von der Schule oder dem Kindergarten ab und unternehmen Sie etwas zusammen!

Wenn Sie einen großen Asphaltplatz oder eine verkehrsberuhigte Anliegerstraße in der Nähe haben, kann der Parcours einfach mit Kreide aufgemalt werden. Radler müssen Slalom um gemalte Hindernisse fahren, Inlinerfahrer aufgemalten Achten folgen und Fußbälle auf dem Sportplatz um mitgebrachte Eimer oder Steine geführt werden. Sicher fallen Ihnen und den Kindern immer neue Varianten ein. Und bestimmt lockt ein toller Parcours noch weitere Mitspieler an. Dann wird vielleicht ein „Spiel ohne Grenzen" daraus …

Ein Wochenende mit Papa!

Es müssen nicht immer gleich mehrere Wochen sein! Auch ein verlängertes Wochenende beim Zelten, im Hotel oder auf dem Bauernhof kann viel bewirken. Die Umgebung ist ungewohnt, es gibt viel zu erkunden und zu erleben und vor allem haben Vater und Kind jede Menge Zeit füreinander. Ganz nebenbei profitiert auch die Mutter von der Zeit, die sie für sich zur Verfügung hat. Das Familienleben bekommt dadurch neue Impulse.

> Anika Müller, 75 Jahre, Schwerin:
> „Mein Vater ging mit mir viel spazieren, erklärte mir dabei die Natur. Erzählte mir von Pflanzen und Tieren. Was ich in dieser Zeit darüber gelernt habe, ist mir heute noch im Gedächtnis."

Es gibt auch Möglichkeiten, sich einer organisierten Freizeit anzuschließen. Einige Veranstalter bieten bereits seit vielen Jahren Vater-Kind-Wochenenden an (siehe Linkliste am Schluss). Für Unterkunft, Verpflegung und natürlich tolle Freizeitaktivitäten ist gesorgt. Die teilnehmenden Väter schätzen den Kontakt zu anderen Vätern.

Nach anfänglicher Skepsis seien die meisten Männer mit Kindern am Ende eines solchen gemeinsamen Wochenendes restlos begeistert und würden immer wieder mitfahren, resümiert Hans-Conrad Blendermann, der für das Evangelische Jugendwerk Frankfurt am Main Vater-Kind-Wochenenden organisiert. Er berichtet von einem gerade erlebten Vater-Kind-Wochenende: „Ein Höhepunkt war das Geländespiel, als die Väter von den Piraten entführt worden waren und jedes Kind seinen eigenen Papa gerettet hat, indem es den Vater vom Baum losband. Dieser spielerische Gedanke hat auch eine tiefe symbolische Bedeutung, wenn Kinder ihre Väter retten. Natürlich wurde auch noch ein Schatz gefunden, der viele kleine Würstchen enthielt. Was lag näher, als sie gleich im Feuer zu grillen und diesen wunderschönen Tag singend miteinander am Lagerfeuer ausklingen zu lassen? Wenn sich Väter und Kinder Zeit füreinander nehmen, dann gibt es immer Gewinner. Bei Spiel und Spaß kommen sich Väter und Kinder näher und verbringen wertvolle Momente miteinander. Denn Kinder buchstabieren Liebe mit Z-E-I-T. Dabei geht es in erster Linie nicht um die Menge der Stunden und Minuten, sondern um Qualitätszeiten. Augenblicke und Momente, wo der Papa die ganze Aufmerksamkeit seinen Kindern schenkt."

Markus Gajewski mit seinen Söhnen Kai (4), Jan (5), und Tim (7) aus Pulheim

Würstchen und Stockbrot

Dr. Hans Prömper, Leiter Katholische Erwachsenenbildung, Bildungswerk Frankfurt am Main, schreibt:

„Das Erlebnis Lagerfeuer mit Würstchen und Stockbrot ist oft der Höhepunkt eines Väter-Kinder-Wochenendes. Diese gibt es auch als selbst organisierte Wochenenden oder Fahrten, bei denen die Väter sich von Institutionen allenfalls die Sicherheit der Buchung eines Tagungshauses und das Ausfallrisiko, einen Zuschuss zur Veranstaltung, die Versicherung etc. abholen.
Die Zeitdauer variiert vom Tagesausflug über 1–2 Übernachtungen bis hin zu 5-tägigen Bildungsurlauben für Väter oder 1- bis 2-wöchigen Ferienlagern. Oft geht die Initiative von Vätern aus, manchmal aus zufälligen Erfahrungen heraus, in denen sie Spaß am nicht durch Frauen ‘gestörten’ Kontakt mit ihren Kindern entwickeln.

Das oft selbst gestaltete Programm: gemeinsame Spiele, Geschichten vorlesen, Inszenierungen, Bastel- und Werkaktivitäten, Kostüm- und Waffenbau, Inszenierungen und Theateraufführungen, sportliche Betätigungen, Orientierungsspiele oder Projektaufgaben. Die Ausgestaltung variiert mit dem Alter der Kinder. Heimliches Thema ist oft – gerade bei jüngeren Kindern –, sich überhaupt miteinander zurechtzufinden. Für manchen Vater ist es ja das erste Mal, dass er mit einem oder mehreren Kindern ein ganzes Wochenende allein unterwegs ist.

Das gemeinsame Fußballspielen, vor allem aber das abendliche Lagerfeuer machen Spaß und bringen manchmal ungewohnte Seiten der Väter zutage. Die Kinder erleben ihre Väter von einer anderen Seite als vielleicht gewohnt: mit Energie bei der Sache, kraftvoll und laut, kompetent und phantasiereich, zugewandt und locker. Die Väter bekommen mit, wie andere Väter mit ihren Kindern umgehen.

Auffällig ist, dass bei den Vätern weniger das Reden als das gemeinsame Basteln, Werken und Schaffen im Mittelpunkt steht. Solche Veranstaltungen stabilisieren den Kontakt zwischen Vätern und Kindern.“

Juhu, endlich Ferien!

Das heißt: eine, zwei oder gar drei Wochen keine Termine, keine Alltagsverpflichtungen. Stattdessen werden die Koffer gepackt und es geht ab in den Urlaub. Urlaubserlebnisse bleiben allen Familienmitgliedern besonders lange im Gedächtnis. Wichtig ist, dass die Rahmenbedingungen stimmen. Nur so kann die Urlaubszeit tatsächlich zur schönsten Zeit des Jahres werden. Für Familien gehört dazu unbedingt eine kinderfreundliche Unterkunft. Kennen Sie als Eltern das Gefühl, sich ständig entschuldigen zu müssen, wenn Ihr Nachwuchs beim Spielen mal etwas lauter ist? Das kann die Urlaubsstimmung schon sehr trüben.

Von Familien für Familien

Wer bösen Überraschungen bei einem Urlaub mit Kindern vorbeugen will, kann im wörtlichen Sinn einen HolidayCheck im Internet machen. Das gleichnamige Verbraucherportal **www.holidaycheck.de** bietet einen umfangreichen Service. Der Clou des Portals sind Hotelbewertungen, Tipps und Erfahrungsberichte von Urlaubern selbst. Hier finden Sie weltweit das passende Hotel und erkennen sofort, wie Familien mit Kindern Angebot und Service beurteilen. Wer auf diese Weise seinen Urlaubs-Check macht, erhält Informationen von Familien für Familien. Nach dem Urlaub können natürlich auch Sie selbst zum Kritiker werden und anderen Familien bei der Suche nach der richtigen Unterkunft helfen. Das funktioniert ebenso einfach wie die Suche nach passenden Empfehlungen.

Lobende Stimmen

Für die Vertrauenswürdigkeit des Portals steht ein TÜV-Zertifikat. Denn der TÜV hat die Internetseiten von HolidayCheck vor allem mit Blick auf die Benutzerfreundlichkeit, die Sicherheit und die Möglichkeit der Online-Buchung geprüft. Zusätzlich erweiterte das Verbraucherportal seinen Service für Familien: Eine gemeinsam mit dem Mehr Zeit für Kinder e.V. entwickelte Orientierungshilfe zeichnet wie ein Gütesiegel besonders familienfreundliche Hotels aus. Basis ist die Einschätzung der Hotels durch Familien. Wenn es vielen bewertenden Familien in einem Hotel gefallen hat, signalisiert ein farbenfrohes Zeichen: **Empfehlenswert!**

von Familien besonders empfohlen!

Eine Initiative von Familien, HolidayCheck & Mehr Zeit für Kinder e.V.

Mir ist so langweilig…!

Wie hält man die Kinder auf langen Urlaubsfahrten bei Laune? Schließlich können nicht die ganze Zeit über Kinderlieder und Hörbücher im Auto für Kurzweil sorgen. Und die erwachsenen Mitfahrer sind erfahrungsgemäß von stundenlanger akustischer Berieselung auch nicht gerade begeistert.

Wie so oft liegt die Lösung in einfachen Spielideen, die sich direkt umsetzen lassen und sogar noch die Merkfähigkeit fördern, wie zum Bespiel diese Idee: Einer der Mitspieler nennt einen beliebigen Buchstaben und ein erstes Wort mit diesem Anfangsbuchstaben. Reihum sind nun alle gefordert, ein weiteres Wort mit dem gleichen Buchstaben zu ergänzen, bis ein – meist witziger, weil sinnloser – Satz entsteht:

Papa
Papa packt
Papa packt Pias
Papa packt Pias Plüschtier
Papa packt Pias Plüschtier peppig
Papa packt Pias Plüschtier peppig pink.

Auch die Kennzeichen vorbeifahrender Autos können zu originellen Satzkonstruktionen inspirieren. Wer hat die besten Einfälle?

Das etwas andere Urlaubsdomizil…

Eine ganze Reihe von Zuschriften haben uns gezeigt: Papas gehen gern zelten. Hier handelt es sich offenbar um eine echte „Männerdomäne". Woran mag das liegen? Vielleicht kann Papa sich in freier Natur am besten beweisen: Souverän errichtet er aus einem zusammengerollten Stoffknäuel und ein paar Stangen ein heimeliges Zelt, mutig verteidigt er seine Kinder gegen die Schrecken der Nacht und ganz unkonventionell bereitet er eine Mahlzeit am offenen Feuer zu. Notfalls tut's auch eine Suppe aus der Dose – Hauptsache, alles ist ganz anders als bei Mama!

Bernd Schneider aus München mit Sohn Leo, 3 Jahre, und Tochter Jule, 2 Jahre

An einen ausgedehnten Waldspaziergang werden sich Kinder noch lange gern zurückerinnern – wenn er verbunden ist mit Pilze sammeln, Waldbeeren pflücken, Tiere beobachten, Tierspuren suchen, Stöcke schnitzen, mit anderen Vätern und deren Kindern eine Schnitzeljagd vorbereiten. Aber auch Regenspaziergänge, am Lagerfeuer sitzen, Stockbrot backen gehören zu den Empfehlungen naturverbundener Familien, die uns geschrieben haben.

Bernd-Michael Jeckel mit Sohn Felix, 8 Jahre, und Tochter Johanna, 11 Jahre, aus Neu-Isenburg

Mit Papa spielen

„Spielst du mit mir?" – diese häufig mit erwartungsvoll leuchtenden Augen gestellte Frage können Väter oft nicht mit einem spontanen Ja beantworten. Schade. Denn im Spiel entwickeln Kinder eine ganze Palette wichtiger Fähigkeiten. Auch für Eltern macht Spielen Sinn: Sie erleben Spaß und Spannung hautnah, bauen Alltagsstress ab und erfahren ganz nebenbei etwas über Fortschritte oder Verhaltensweisen ihres Sprösslings.

Sich ohne Termindruck und Hektik auf ein Spiel einlassen zu können; sich im Spiel mit Familie und Freunden zu messen und dabei eine ganze Palette an Gefühlen zu durchleben – das ist es, was Spielen zu einem echten Erlebnis macht. Und Ihrem Kind signalisiert: ***„Du bist mir wichtig!"***

macht Spaß!

Väter spielen wilder

Warum unterschiedliche Spielstile so wichtig sind

von Ralf Ruhl

Knacks. Ein Zweig zerbricht. „Hab dich!“, ruft Jonas, fünf Jahre alt. Sein Papa Frank, 36, Musikalienhändler, tritt hinter dem Baum hervor. Seit drei Stunden sind sie an diesem Samstag im Wald. Sie haben Blätter gesammelt und sich daraus einen Kopfschmuck gedreht, sich mit feuchter Erde das Gesicht angemalt und mit dem Taschenmesser Stöcke angespitzt. „Das sind unsere Speere“, sagt Jonas und übt Weitwurf. Später bei der Rast am Lagerfeuer werden sie mit Teig umwickelt. Den haben sie vorher bei einer Pizzeria geholt. Allerdings muss Frank den Stock die meiste Zeit übers Feuer halten, Jonas wird schon nach fünf Minuten der Arm lahm. Aber das warme Stockbrot genießt er. „Nur für uns beide“, grinst er seinen Vater an. „Davon geben wir nichts ab!“

Väter sind keine Nestflüchter

Outdoor-Spiele sind in. Der größte Teil der Freizeit- und Bildungsangebote für Väter und Kinder sind Kanu-Wochenenden, Segeln, geführte Wanderungen, Ritterkämpfe oder Bogen bauen. Und Väter spielen gerne: Immerhin fast 65 Prozent spielen mit ihren Kindern, gut 55 Prozent gehen mit ihnen spazieren, so Rainer Volz und Paul Zulehner in ihrer Untersuchung „Männer im Aufbruch“(2001). Auch für Gesellschaftsspiele nehmen sie sich mehr Zeit als Frauen, teilte das Statistische Bundesamt im Januar 2006 mit. Eine durchschnittliche Runde Schach oder Siedler dauert immerhin 105 Minuten.

Eine Zeitbudgetstudie auf Basis von Daten des Statistischen Bundesamtes von 2004 von Dr. Peter Döge und Rainer Volz zeigt deutlich: Väter sind keine Nestflüchter – und ganz sicher nicht das viel zitierte „faule Geschlecht“.
83 % der Väter mit Kindern unter drei Jahren kümmern sich um ihre Kinder - für über eineinhalb Stunden am Tag. Da sie trotzdem in der Regel eine Vollzeitstelle haben, schränken sie vor allem ihre persönliche Freizeit ein, sitzen weniger vor den verschiedensten Bildschirmen, treiben weniger Sport und sehen ihre Freunde seltener.
Sie haben also ein besonderes Vereinbarkeitsproblem: Denn wem der Ausgleich fehlt, ist anfälliger für Krank-

Vater-Kind-Wochenende unter dem Motto „Indianer“: Matthias Hagen aus Offenbach am Main mit Indianer-Kindern heiten, hat mehr Stress – und ist entsprechend schneller genervt, wenn die Kinder oder die Partnerin Ansprüche stellen. Insgesamt arbeiten Männer übrigens etwas länger als Frauen, wenn man die tatsächlich aufgewendete Zeit für Beruf und Familienarbeit zusammenzählt: 8 Stunden und 23 Minuten gegenüber 8 Stunden und 11 Minuten. Dabei leisten Frauen fast doppelt so viel unbezahlte Arbeit wie Männer.

Dass Väter ihre Freizeit selbstherrlich für sich nutzen und die Beaufsichtigung des Nachwuchses den Müttern überlassen – diese Zeiten sind endgültig vorbei. Was sicher auch am gestiegenen Selbstbewusstsein der Frauen liegt. „In manchen Wochen muss ich richtig um einen freien Abend kämpfen“, sagt Frank. „Meine Frau ist sehr gesellig und engagiert, da muss ich manchmal mein Recht auf einen Abend mit meinen Freunden einfordern.“

Etwa 9,5 Stunden sind Väter mit der Erwerbsarbeit beschäftigt, Tendenz leider wieder steigend. Die Wünsche der Männer sind andere: Nach Gewerkschaftsangaben würden zwei Drittel gern ihre Arbeitszeit verkürzen, wenn das Geld stimmt. Gerade auch, um mehr für die Familie da sein zu können. Wenn sie nach der Arbeit am späten Nachmittag nach Hause kommen, ist spielen angesagt – und dann beginnt mit dem Abendessen schon das Zu-Bett-Gehen-Ritual. Forderungen nach Arbeitszeitverlängerung nehmen Kindern also direkt Zeit, die sie mit ihren Vätern verbringen. Weniger Zeit für gemeinsames Spiel heißt weniger Bin-

Wolfgang Heß mit Sohn Simon, 5 Jahre, aus Siegen

dung, weniger Identifikation mit dem Vater, weniger Gelegenheit für das Kind zu zeigen, was es schon alles kann, weniger Gelegenheit, den Stolz und die Freude von Papa zu spüren, weniger Möglichkeiten mitzubekommen, wie Männer denken und die Welt sehen. Gerade Väter, die Anfahrtswege von einer Stunde oder gar mehr zur Arbeitsstelle haben, sehen ihre Kinder unter der Woche nur im Bett.

Das Bett ist aber nicht nur zum Schlafen da. Julia hat sich unter der Decke versteckt und Papa Tobias soll suchen. Hat Papa die fast Zweijährige entdeckt, schließt sich eine wunderbare Knuddel-Balgerei an. Doch bald hat Julia wieder eine neue Idee: Papa umwerfen. Der fällt mit vielen „Oh“ und „Ah“ aus dem Bett, Julia krabbelt hinterher. Mit ein paar Kissen und dem Kinderstuhl wird dann eine Hindernisbahn gebaut, über die Julia zurück ins Bett gelangen kann. Das ist gar nicht so einfach. Doch nach ein paar Minuten hat sie es geschafft und strahlt über das ganze Gesicht.

Männerkörper sind anders

Etwa seit den 70er Jahren werden Unterschiede im Spielstil von Vätern und Müttern erforscht. Professor Wassilios E. Fthenakis hat die wichtigsten in seinem bereits 1985 erschienenen Buch „Väter" zusammengefasst. Demnach agieren Väter schon mit Kleinkindern eher taktil und physisch, das heißt, sie stupsen sie an, bewegen die Arme und Beine der Babys – insbesondere, wenn die Aufmerksamkeit des Kindes nachlässt. Auch wenn die Kinder älter sind, bevorzugen sie mehr physische Spiele, die den Körper einbeziehen. Mütter hingegen neigen eher zu verbalen Interaktionen, reden mit dem Kind, nutzen Spielzeug und lesen vor.

Der französische Psychologe Jean Le Camus untersuchte 2001 in seinem Buch „Väter" die Bedeutung der frühen Vater-Kind-Bindung. Er beobachtete Eltern vor allem beim Babyschwimmen. Seine Schlussfolgerung: Väter spielen und berühren ihre Kinder herausfordernder, Mütter eher beruhigender und bestätigender. Wobei das Herausfordern wichtig ist für die Entwicklung des Gehirns und anregt, selbständig neue Lösungsmöglichkeiten zu entdecken.

Julia weiß das schon ziemlich gut. „Papa, Flieger", ruft sie und Tobias soll sie herumwirbeln. „Doller, Papa, doller!" Sie wirft die Haare in den Nacken und kräht vor Begeisterung. Ihre Mutter schaut eher besorgt drein und kann sich eine Ermahnung nicht verkneifen: „Du passt aber schon auf, ja?" Tobias verdreht die Augen. „Wenn ich mit ihr spiele, habe ich die Verantwortung für sie. Und die nehme ich auch bewusst wahr. Dass ich ein anderer Mensch bin und vieles anders mache als meine Frau, ist doch klar." Gerade das Körperliche ist ihm sehr wichtig. Schließlich fühlt sich ein Männerkörper anders an als ein Frauenkörper: Er hat mehr Muskeln, eine andere Hautspannung, einen Bart, er riecht anders, bewegt sich anders. „Das merkt man ja nicht nur beim Kuscheln oder Schmusen", meint Tobias. Gerade im Spiel wird der Körper auch anders eingesetzt. Rangeln, Toben, fester Zupacken – das machen Männer eher als Frauen. Tobias freut sich darauf, wenn seine Tochter älter wird: „Wettläufe, werfen, den

Martin Kudelka mit Sohn Jared, 5 Jahre, aus Wolfsburg

Ball abjagen – eben den Körper nutzen, um etwas zu bekommen, das möchte ich gern mit ihr erleben."

Jetzt hat Julia aber erst einmal genug. Sie nimmt sich ein Puzzle und setzt sich zu Mama an den Tisch. „Manchmal wünsche ich mir schon, dass sie auch die ruhigen Sachen mehr mit mir macht", seufzt Tobias. „Aber da trennt sie ganz klar, offenbar braucht sie das zur Orientierung."

Den eigenen Stil würdigen

„Väter sind beim Spiel häufig dynamischer und rasanter als Mütter. Sie spielen verwegene, wilde, abenteuerliche und herausfordernde Spiele, die oftmals komplex sind und viel Einsatz – insbesondere auch körperlich – erfordern", sagt der Spieleautor und Kulturpädagoge Uli Geißler aus Fürth. Und das kann mancher Mutter ganz schön Angst machen. Frank und Jonas gehen ganz bewusst allein auf Tour.

„Nicht so doll" sei einer der häufigsten Sätze seiner Frau gewesen, wenn er mit seinem Sohn gespielt hat, erzählt Frank. Als sie ihm auf einer Wanderung verbieten wollte, mit Jonas einen Felsen hinauf zu klettern, habe es einen heftigen Streit gegeben. „Dabei wurde aber klar, dass sie mir grundsätzlich vertraut, dass ich nicht leichtsinnig mit Jonas umgehe. Sondern ich habe halt meine eigenen Interessen, die ich mit ihm teile. Außerdem war ihr wichtig zu sehen, dass Jonas ihr durch unsere Abenteuer-Touren nicht entfremdet wird." Inzwischen genießt sie den freien Nachmittag, wenn die beiden unterwegs sind, und freut sich über die kleinen Mitbringsel ihres Sohnes. Aber am meisten freut sie sich über die Zufriedenheit der beiden, auch wenn die Hose nass ist oder Jonas sich das Knie aufgeschlagen hat. „Da hat er mit seinem Vater etwas, das ich ihm nicht geben kann", meint sie.

Hobbys sind ein „klassisches Väterding", meint Astrid von Friesen, Diplompädagogin und Psychotherapeutin in freier Praxis in Dresden. „Sie bauen mit Streichhölzern den Eiffelturm oder steuern auf dem See ihre Modellboote mit der Fernbedienung." Hier können Kinder viel Praktisches und Handwerkliches von ihren Vätern lernen. „Es geht ihnen hier mehr um die Sache, um das Ergebnis", erklärt sie.

Thomas Luczak mit Sohn Finn, 5 Jahre, aus Rostock

Wobei mancher Vater seine Kinder auch überfordert. Väter schätzen den Entwicklungsstand ihrer Kinder oft um bis zu ein Jahr höher ein, als es ihrem tatsächlichen Lebensalter entspricht. Und Überforderung kann den Spaß an der Sache sehr vermiesen. „Ich muss aufpassen, dass ich Jonas nicht das Messer aus der Hand nehme und das Boot selbst fertig schnitze", gesteht Frank. Natürlich sieht Jonas' Werk nicht so perfekt aus wie das im Schaufenster oder wie Papas Arbeit. Aber das, was man selbst erfährt, bleibt am besten im Gedächtnis. Und so schaut Papa Frank manchmal lieber nicht hin und lässt Jonas seine Fehler selbst machen. „Ich frage ihn oft, ob ich ihm einen Tipp geben darf. Meist sagt er Nein! und will es selbst schaffen."

Sich selbst vergessen

Väter sind beim Spiel also nicht nur ergebnisorientiert. Im Gegenteil, dem selbstvergessenen Spiel könnten sie sich viel leichter hingeben als Mütter, so die Beobachtung von Astrid von Friesen. Das überrascht zunächst, sieht man doch Väter eher beim Skat oder Doppelkopf, mit ihren Kindern am Kicker oder beim Miniaturauto-Rennen ein Match austragen. Und dabei geht es dann um Sieg und Niederlage – wie im „richtigen Männerleben". Dennoch: „Väter können sich eher auf die Stufe des Kindes begeben, erlauben ihrem ‚inneren Kind' eher mitzuspielen als Mütter", so Astrid von Friesen. Mütter hätten halt immer noch an tausend Dinge zu denken, vom Abwasch bis zum Besuch bei Oma. Außerdem hielten sie häufig „pädagogischen Abstand", wollten dem Kind eher etwas beibringen statt mit ihm den Augenblick zu genießen.

Seit zwei Stunden sitzt Gerd, 34, Optiker, mit seinem Sohn Ben, 9, im Kinderzimmer und baut. Aus mehreren tausend Lego-Steinen ist in mehreren Tagen ein Hafen entstanden, mit Kränen, Containerschiffen und Feuerwehr. „Das habe ich vor 25 Jahren, als ich selbst in dem Alter war, auch gemacht." Konstruieren, ausprobieren, dabei erklären, wie etwas funktioniert – oft vergisst Gerd dabei die Zeit. Erwacht hier das sprichwörtliche Kind im Manne? Wenn, dann im allerbesten Sinne. Die beiden haben etwas gefunden, was ihnen beiden Spaß macht, lassen sich Raum zum Experimentieren – und respektieren die Art und die Leistung des anderen. „Ich bin schon stolz, wenn Ben ohne Anleitung einen Kran konstruiert und der auch noch funktioniert“, sagt Gerd. „Das habe ich damals nicht so einfach geschafft.“

Jungenspiele – Mädchenspiele

Zeigten Väter früher vor allem Interesse an ihren Söhnen, so lässt sich nach einer Längsschnittstudie von Professor Heinz Kindler aus Konstanz heute hierfür kein Beleg mehr finden. Dennoch stellt Uli Geißler deutliche Unterschiede fest: „Jungen wollen sich mit ihren Vätern auf einer Ebene treffen.“ Sie bevorzugten Spiele, von denen sie glauben, dass Papa sich auch dafür interessiert. Und Väter denken nach seiner Erfahrung bei der Spielauswahl an eine etwas klischierte Fantasiewelt voller Ritter, Zauberer, Weltraumabenteuer und Cowboy-Romantik. Hier können Väter sicher auch mal etwas Neues wagen!

Mädchen hingegen wählen für das Spiel eher typisch Männliches. „Sie fordern ihren Vätern oft genau das ab, was die Mütter nicht bieten“, sagt Spielpädagoge Uli Geißler. Und dann wird es sehr körperlich und bewegungsintensiv oder handwerklich. Bei Brettspielen wählten sie kompliziertere Spiele aus als mit der Mutter und verlangten eine klare Erklärung der Regeln. Auch bei lustigen Spielen bevorzugten sie eher den Papa als Partner.

Gerade die Spannung zwischen dem Spielverhalten von Vätern und Müttern macht den Reiz für die Kinder aus. Unterschiedliche Spielwelten bieten ihnen neue Erfahrungen und Herausforderungen, an denen sie nur wachsen können. Auch die Väter nehmen ihre Kinder in neuen, unbekannten Rollen und Situationen wahr und können ihre Fähigkeiten in einem ganz neuen Zusammenhang sehen, der sonst im Alltag nicht möglich ist. Und das gilt umgekehrt sicher genauso.

Der Germanist, Publizist und ausgebildete Körpertherapeut Ralf Ruhl, geb. 1957, arbeitet als Redakteur der Zeitschrift „Spielen und Lernen“. Er hat einen Sohn und eine Tochter und ist Autor des Buches „Kinder machen Männer stark. Vater werden – Vater sein“.

Holger Will, Vater einer 2-jährigen Tochter, aus Fulda:

„Kinder bereichern unser Leben. Sie schenken einem die Dinge, die man mit Geld nicht kaufen kann. Sie lachen und weinen, spielen und streiten. Kinder bringen einem die vermisste Ehrlichkeit, die Liebe und die Bedeutung der kleinen Dinge im Leben wieder zurück. Man(n) steigt ein in die ‘Zeitmaschine Kindheit’. Hier taucht man ein in das Leben der Playmobil-Männchen, der Lego-Ritter und der kleinen Schlümpfe. Als „Bauklotz-Architekt“ entwirft man die ungewöhnlichsten Bauwerke. Es fühlt sich gut an. Und man vermisst die Unbedachtheit, die man als Kind erfahren durfte.“

Heute schon gespielt?

Man(n) möchte sich engagiert um den Nachwuchs kümmern, weiß aber nicht so recht wie. Das trifft auch auf Sie zu? Dann schauen Sie Ihren Sprösslingen mal im Alltag über die Schulter. Sie werden schnell feststellen, dass es eine Beschäftigung gibt, auf die kein Kind freiwillig verzichtet: das Spielen.

Väter, die sich Zeit zum Spielen mit ihren Kindern nehmen, haben die Erfolgserlebnisse gleich doppelt auf ihrer Seite: Zum gemeinsamen Spaßfaktor kommt die Förderung der Fähigkeiten und Fertigkeiten des Kindes. „Kinder müssen spielen", bestätigt Prof. Wassilios E. Fthenakis, Direktor des Staatsinstituts für Frühpädagogik in München. „Im Spiel setzt sich das Kind mit der Umwelt auseinander und entwickelt sich dabei weiter." Und das schon von klein auf.

Nichts bremst mehr als Langeweile

Spiele sind keine Erfindung der Moderne, und auch in Zeiten, in denen die Ergebnisse der PISA-Studien oder Schlagworte wie Bildungsnotstand für Verunsicherung sorgen, brauchen Eltern das Rad nicht neu zu erfinden. Spielen können Kinder selbst mit einfachsten Mitteln. Ist kein Spielzeug verfügbar, werden gerne auch Alltagsgegenstände wie Kochtöpfe oder Kleidungsstücke aus Mamas und Papas Schrank zum Rollenspiel zweckentfremdet.

Gestern, heute wie morgen jedoch gilt: Gutes Spielzeug muss altersgerecht sein. Es darf weder überfordern noch unterfordern und sollte – unter anderem durch vielfältige Anwendungs-, Einsatz- oder Erweiterungsmöglichkeiten – genügend Raum für die Fantasie und Kreativität der Kinder bieten. Nichts bremst die Spiel- und Lernfreude mehr als Langeweile.

Schöpfen Sie aus dem eigenen Erfahrungsschatz. Viele traditionelle Spielmittel haben im Laufe der Jahre und Jahrzehnte nichts von ihrer Faszination verloren. Bauklötze, mit denen man meterhohe Türme bauen kann, Knete,

Stefan Mesmer aus Isny
mit Tochter Maya, 5 Jahre © *Heidi Velten*

die Fantasiefiguren nach eigenem Geschmack zaubert, oder Brettspiele, mit deren Hilfe Eltern sich gemeinsam mit dem Nachwuchs im Gewinnen und Verlieren üben, behaupten – unabhängig von Modeerscheinungen – ihren Platz in Kinderzimmern und Kindergärten. Gemeinsame Aktivitäten sind bereits für kleinere Kinder eine wichtige Schule fürs Leben: Sie trainieren soziale Kompetenzen wie Toleranz, Geduld, Achtung und gegenseitiges Verständnis spielerisch.

Auf die Dosis kommt es an

Der Wandel der Zeit hat aber auch Auswirkungen auf die Spiel- und Freizeitgewohnheiten in Kinderzimmern. Immer früher halten dort Fernseher, Computer, Gameboys und Videospiele mit einem rasant wachsenden Angebot Einzug. Im Umgang mit diesen Medien kommt es – wie so oft – auf die Inhalte und das richtige Maß an. Eltern sollten ihre Kinder dabei begleiten und auch Vorbild sein. Wer seine komplette Freizeit vor der Flimmerkiste verbringt, wird es schwer haben, die Sprösslinge nach angemessener Zeit loszueisen.

Experten warnen vor einem Zuviel an Bildschirm. Aufmerksamkeits-, Sprach-, Lese- und Schreibstörungen, zunehmende Gewalt in der Gesellschaft und 40.000 Tote jährlich aufgrund falscher Lebensgewohnheiten allein in Deutschland – das ist nach dem bekannten Hirn- und Lernforscher Prof. Dr. Dr. Manfred Spitzer die langfristig drohende Bilanz, wenn Kinder heute zu lange und zu oft vor dem Bildschirm sitzen. Prof. Spitzer ist Ärztlicher Direktor der Psychiatrischen Universitätsklinik, außerdem Leiter des Transferzentrums für Neurowissenschaften und Lernen in Ulm. „Verbringen Vorschulkinder mehr als zwei Stunden täglich vor elektronischen Bildschirm-Medien, dann erhöht sich ihr relatives Risiko, übergewichtig zu werden, um 70%", berichtet er in seinem Buch „Vorsicht Bildschirm!".

Wichtige Alternativen sind nach Prof. Spitzer „Bewegungsspiele an der frischen Luft, sinnvolle Spiele, die der natürlichen Neugier, der Entdeckungsfreude und dem natürlichen Spieltrieb eines Kindes entgegenkommen".

Sieben praktische Tipps

1. *Spielen von Anfang an*
   Schon Babys freuen sich über spielerische Beschäftigung, für Kleinkinder ist sie Grundbedürfnis ihres Alltags.

2. *Zum Spielen anregen*
   Bereitschaft und Fähigkeit zum Spiel können sich nur entwickeln, wenn Sie Interesse am Spiel des Kindes zeigen, es ernst nehmen und Anerkennung äußern. Positive Erfahrungen spornen an.

3. *Dem Spiel freien Lauf lassen*
   Kinder sollen entscheiden dürfen, was sie tun möchten. Erwachsene, die ihren Sprösslingen jeden Schachzug nahelegen, sind keine guten Mitspieler.

4. *In entspannter Atmosphäre spielen*
   Nur in ruhiger, angenehmer Umgebung kann sich das Kind ungestört ins Spiel versenken. Ein nebenbei laufender Fernseher oder zwischenzeitliche Telefonate stressgeplagter Väter gehören nicht dazu.

5. *An Regeln heranführen*
   Verlieren zu lernen ist nicht leicht. Sie dürfen kleine Kinder auch mal gewinnen lassen, ältere Kinder sollten sich an die Spielregeln halten. Der Umgang mit Sieg und Niederlage macht fit für spätere Herausforderungen.

6. *Den Spaß am Spiel erhalten*
   Spielen ist nicht nur eine Feiertagsbeschäftigung. Spaß am Spiel mit den Kindern sollten Sie das ganze Jahr über haben: drinnen oder draußen, mal eine halbe Stunde, mal einen ganzen Nachmittag. Nehmen Sie sich die Zeit für gemeinsame Erfahrungen. Damit schaffen Sie eine starke Verbindung.

7. *Für geeignete Spielmittel sorgen*
   Spielmittel sind so wichtig für ein Kind wie Kleidung und Nahrung. Welche neue Spielidee oder welches neue Spielzeug ein Kind in seiner Entwicklung unterstützt und weiterbringt, können Sie aber nur beim gemeinsamen Spiel beobachten.

Wer die Wahl hat...

Das Angebot an Spielwaren ist vielfältig und groß. So groß, dass sich Eltern auf der Suche nach passendem Spielzeug für die Kids oft verloren fühlen. Es soll Freude machen, die Sicherheitsstandards erfüllen und nach Möglichkeit mit pädagogischem Nutzen zu späteren Lernerfolgen beitragen. Den einzig richtigen Ratschlag zum „perfekten" Spielzeug gibt es nicht, aber eine Reihe von Orientierungspunkten, die bei der Auswahl helfen können:

Alter	Das können und wollen die Kids	Das macht Spaß, spornt an und fördert die Entwicklung (Beispiele)
0–6 Monate	• hören, sehen, tasten, greifen (erste Versuche)	• Rasseln, Mobiles, Spieluhren, Greifspiele (über dem Bett)
6–12 Monate	• sitzen, krabbeln, erste Schritte • Gegenstände ergreifen, wegwerfen, erforschen	• Bälle, Bewegungsspiele • Plüschtiere, Stoffpuppen, einfache Stecksysteme, Eimer mit Gegenständen zum Ein- und Ausräumen
1–3 Jahre	• laufen (zunehmende Beweglichkeit) • sprechen (Wort- und Satzbildung) • Verhaltensweisen nachahmen, eigenständig spielen	• Tiere zum Schieben, Nachziehwagen, Schaukelpferde • Bilderbücher, Kassetten und CDs mit Kinderliedern • Puppen, Stofftiere, Spielzeugautos, großteilige Puzzles, Bauklötze
3–6 Jahre	• laufen, hüpfen, fahren (großer Bewegungsdrang) • neue Rollen im erweiterten sozialen Umfeld (z.B. Kindergarten) erlernen und erproben • kombinieren, malen, basteln, bauen (Entwicklung der Feinmotorik)	• Bälle, Dreirad, Roller, Schlitten und Go-Kart, Hüpfseile • Bilderbücher, Gedächtnis- und Gesellschaftsspiele, Spielfiguren Zubehör für Rollenspiele: Miniküche, Arztkoffer, Wohnmobil, Puppen • Malutensilien und Bastelmaterial Puzzles, Musikspielzeug, Knete
6–10 Jahre	• Bewegung in der Gruppe, sich auf Sportarten spezialisieren (z.B. im Verein) • Regeln verstehen und anwenden (Erfolgserlebnisse im Spiel) • künstlerische und handwerkliche Fähigkeiten wie Malen, Basteln, Bauen erweitern und komplexer einsetzen • fremde und künstliche Welten erkunden	• Sportgeräte wie Fahrrad, Rollerblades, Bälle, Tore, Federball • Schreib- und Rechenspiele, Gesellschaftsspiele • Kinderwerkzeug, Handarbeiten, Musikinstrumente, Experimentier- und Konstruktionsbaukästen • Sach- und Unterhaltungsbücher, Spielfiguren, Kostüme • geeignete, sinnvolle, den Eltern bekannte Computerspiele

Mit Papa abheben

Papa, wieso können Flugzeuge fliegen?" Kinder kennen in ihrer Neugier keine Gnade. Sie beobachten ihre Umwelt, sehen z. B. wie ein Segelflieger am Himmel seine Runden dreht – und sind fasziniert. Und dann wollen sie natürlich begreifen, wie das geht. Für die Eltern eine echte Herausforderung! Denn was antworten Sie auf so eine Frage? Die Schulzeit ist lange her, das Physikwissen eher im Hinterkopf verschwunden. Selbst wenn Sie eine physikalisch exakte Erklärung parat haben – wie erläutern Sie Ihrem Sprössling das Phänomen „Fliegen" kindgerecht?

Ein wortreicher Vortrag ist schon bei Erwachsenen nicht unbedingt der beste Weg. Bei Kindern erst recht nicht – auch wenn Sie einfache Worte wählen. Wirklich nachhaltig wird Ihr Kind erst dann lernen und verstehen, warum ein Vogel, ein Flugzeug oder ein Hubschrauber fliegt, wenn es damit eigene Erfahrungen verbindet.

„Sage es mir – Ich werde es vergessen! Erkläre es mir – Ich werde mich erinnern! Lass es mich selber tun – Ich werde verstehen!" Konfuzius

„Schau mal, so funktioniert das..."

Um die erste Neugier Ihres Kindes zu befriedigen, nehmen Sie einfach ein Blatt Papier zu Hilfe, auf dem Sie ihm veranschaulichen, wie ein Flieger durch die warme Luft, die vom Boden nach oben aufteigt, getragen wird.

Danach gilt es natürlich auszuprobieren, ob das, was der Papa da aufgemalt hat, auch wirklich funktioniert. Dazu müssen Sie kein Pilot sein. Mit einem Modellsegler funktioniert das ebenso gut. Vielleicht kennen Sie aus der eigenen Jugend noch den „Kleinen UHU"? Ein Segelflugmodell, das sich recht schnell zusammenbauen lässt und somit auch für Einsteiger besonders gut geeignet ist – und für ungeduldige Kids, die es kaum erwarten können, bis ihr Flugzeug endlich abhebt.

Durch das Hobby Modellbau schulen Sie das technische Verständnis und intuitive Physikwissen Ihres Kindes schon vor dem ersten Unterricht auf spielerische Weise – ohne belehrenden Zeigefinger, dafür mit jeder Menge

Spaß. Aber was mindestens genauso wichtig ist: Es ermöglicht Ihnen als Vater, schöne Stunden mit Ihrem Kind zu verbringen, und beschert Ihnen sicherlich einige der schönsten gemeinsamen Momente. Denn was ist rührender als die leuchtenden Augen eines Kindes, das seinen selbst gebastelten „Kleinen UHU" zum ersten Mal durch die Lüfte steuert?

Ready for Take-off

Beim Modellbau handelt es sich um ein Hobby, das die kindliche Entwicklung auf vielfältige Art und Weise fördert. Schon beim Zusammenbauen, vor allem beim Steuern der Fluggeräte mit der Fernbedienung werden kognitive Fähigkeiten trainiert wie z. B. die Reaktionsfähigkeit oder die Hand-Auge- und die Rechts-links-Koordination.

Die ersten Flüge werden vermutlich relativ kurz und nehmen ein jähes Ende. Denn wer zum ersten Mal ein Flugzeug oder einen Hubschrauber fernsteuert, muss zunächst ausprobieren, welchen Schalter man wie bewegen muss, damit die Kurve nicht zu scharf und der Kreis wirklich ein Kreis wird. Doch mit der Zeit klappt das immer besser; die beiden Gehirnhälften kommunizieren immer besser miteinander – und bald fliegt Ihr Nachwuchs bessere Loopings als Sie selbst. Sie werden sehen!

Übrigens, um bei schlechtem Wetter nicht aus der Übung zu kommen, können Sie mit dem entsprechenden Modell auch im Kinderzimmer weiterfliegen. Allerdings sollten Sie mit Blick auf natürliche Hindernisse wie Lampen und Möbel vom Segelflieger lieber auf einen kleineren und wendigeren Indoor-Helikopter umsteigen. Aber Achtung: Das ist noch einmal eine ganz besondere Herausforderung, denn ein Hubschrauber hat andere Flugeigenschaften als ein Flugzeug!

Rüdiger und Sabine Walzer aus Isny mit Sohn Julian, 8 Jahre, und Tochter Lisa, 5 Jahre

© Heidi Velten

Mit Papa kann ich rechnen

Bis zum dritten Lebensjahr spielen Kinder eher nebeneinander als miteinander. Sie weigern sich, ihr Lieblingsspielzeug herzugeben oder Spielsachen zu teilen. Das müssen sie sich erst aneignen. Gesellschaftsspiele haben ihren Namen nicht umsonst. Denn durch Gesellschaftsspiele lernen Kinder, im wahrsten Sinne des Wortes in Gesellschaft zu spielen. Sie trainieren soziales Verhalten und kooperatives Handeln. Auch einfache Brett- und Kartenspiele haben Regeln, an die sich das Kind halten muss – genau wie alle anderen Mitspieler, ob gleichaltrig oder erwachsen.

Natürlich ist das Kräfteverhältnis oft nicht ganz fair, wenn Groß und Klein zusammen spielen. Deshalb darf ein Papa seinen Sprössling hier und da ruhig einmal gewinnen lassen. Aber: Zur Gewohnheit sollte das nicht werden. Denn die Kleinen müssen lernen, dass man mal gewinnt und mal verliert. Wenn Kinder sich anstrengen müssen, um zu gewinnen; wenn sie sich konzentrieren müssen, damit sie nicht verlieren, dann sind das wichtige Erfahrungen, die Kinder im Spiel machen sollten, um im Leben damit umgehen zu können.

Rechnen wie die Räuber

Spiele fördern jedoch nicht nur die Entwicklung der sozialen Kompetenz. Spiele können Kinder auch gezielt auf die Schule vorbereiten oder Gelerntes vertiefen. Lesen, Schreiben, Rechnen – es gibt für verschiedene Altersstufen eine ganze Reihe spannender und sinnvoller Lernspiele, beispielsweise von Haba, die genau diese Fähigkeiten bei Ihrem Nachwuchs trainieren.

Welchem Kind sollte Mathe nicht plötzlich Spaß machen, wenn es zusammen mit Papa als „Rechen-Piraten" die Welt der Zahlen entdeckt? Und spätestens wenn es darum geht, den dabei erbeuteten Schatz zu teilen, merkt es schnell, wie wichtig das Rechnen ist!

Ebenso aufregend kann die Welt der Buchstaben sein. Zum Beispiel, wenn Kinder gemeinsam mit den Geistern aus der „Gespensterschule" lernen, wie man aus einzelnen Buchstaben Wörter zaubert. Die Älteren sind ein bisschen mehr gefordert, wenn sie dazu noch aufpassen müssen, dass die Wörter nicht von besonders schnell lesenden Wortjägern geraubt werden.

Ob nun im Reich der Piraten, in Gesellschaft von Gespenstern oder in einer anderen Fantasiewelt – Lernen kann im gemeinsamen Spiel zum echten Abenteuer für die Kinder und die Väter werden. Und als Papa haben Sie immer wieder einen Grund zur Freude, wenn Sie sehen, welche Fortschritte Ihr Kind von Mal zu Mal macht!

Mit Papa die Welt begreifen

Ist es nicht herrlich, zu sehen, wie sich Kinder beim Spielen ihre ganz eigenen Welten erschaffen? Fantasiewelten, die zunächst vollkommen ihrer eigenen Vorstellungskraft entspringen. Je älter die Kinder werden, desto mehr wissen sie von der echten Welt um sie herum. Und mehr und mehr mischen sie im Spiel Fantasie und Dinge, die sie aus dem wirklichen Leben kennen.

Kommen Sie beispielsweise gemeinsam an einer großen Baustelle vorbei, werden Sie feststellen, wie sehr Ihr Kind von dem Geschehen dort fasziniert ist. Gebannt bleibt es stehen und beobachtet, wie die großen Kräne und Lkws schwere Lasten heben und transportieren. Neugierig wollen Kinder zu Hause herausfinden, wie so etwas funktioniert. Nehmen Sie das doch zum Anlass, selbst einmal wieder ein bisschen Kind zu sein, und helfen Sie Ihrem Sprössling dabei, die Welt im wahrsten Sinne zu be-greifen.

Bausteine fürs Leben

Ganze Generationen von kleinen Baumeistern haben mit fischertechnik-Baukästen Stein für Stein immer wieder neue Spielwelten entstehen lassen. Und bestimmt macht es auch Ihrem Nachwuchs riesigen Spaß, selbst einen Kran mit richtigem Greifarm zu konstruieren oder einen Laster in einen Rennwagen umzubauen. So entdeckt Ihr Kind spielerisch, wie spannend Technik sein kann, und versteht, wie ein Flaschenzug oder ein Getriebe funktioniert. Ganz nebenbei trainiert es beim Zusammensetzen der Bausteine, Statikteile, Achsen und Räder auch seine feinmotorischen Fähigkeiten.

Michael Sögtrop und Sohn Mario, 7 Jahre, aus München

Dieses spielerische Schaffen ist aber noch aus einem anderen Grund wichtig für Kinder: Es fordert sie auf, kreativ zu werden und logisch zu denken, um zum Ziel – in diesem Fall einem fahrenden Auto oder funktionierenden Kran – zu gelangen. Das Gefühl des „Ich hab's geschafft" stärkt den Glauben an sich selbst und macht Kinder zu selbstbewussten Menschen, die sich auch als Erwachsene nicht scheuen, Probleme anzugehen und sie individuell zu lösen. Scheuen Sie sich als Papa also nicht, immer wieder mal zum Kind zu werden. Sie geben Ihrem Nachwuchs dabei wichtige Bausteine fürs Leben mit, und sich selbst machen Sie auch eine kleine Freude!

Querfeldein über Stock und Stein

Seien Sie ehrlich: Wenn Sie als Kind einen Bauern mit seinem Trecker übers Feld holpern sahen, hatten Sie da nicht auch den sehnlichen Wunsch einmal mitzufahren? Hoch oben auf diesem Gefährt mit den mächtigen Reifen, das nicht einmal schnell fahren kann. Fast jedes Kind wünscht sich das: einmal auf einem Traktor thronen und damit quer übers Feld und durchs Gelände fahren, was sonst kein anderes Fahrzeug darf!

Doch nicht allein das Traktorfahren, sondern das Leben auf dem Bauernhof generell übt eine große Faszination auf Kinder aus. Ferien auf dem Bauernhof sind für sie ein echtes Abenteuer.

Schon Wochen vorher freuen sie sich darauf und zehren hinterher von ihren Erlebnissen. Sie spielen sie zu Hause nach oder glänzen mit ihren neu erworbenen Kenntnissen von der Natur.

Am meisten Spaß macht das natürlich mit der richtigen Ausrüstung, mit Treckern und Anhängern, die aussehen wie die Originale und mit denen die kleinen Farmer alles genauso machen können wie die Großen.

Ganz schön viel zu tun!

Kinder finden es toll, in die Rolle der Erwachsenen zu schlüpfen. Außerdem haben sie einen unbändigen Bewegungsdrang, den sie ausleben wollen. Beides ermöglichen die Kinderfahrzeuge von rolly toys. Mit ihnen spielt sich Ihr Kind in verschiedene Arbeitswelten hinein, die es in seiner Umgebung wahrnimmt und die es spannend findet. Allerdings haben die Spielzeug-Trecker, -Bagger und -Unimogs keinen Motor, sondern lassen sich nur mit den eigenen Beinen antreiben. So fördern Sie die Kleinen gleichzeitig in ihrem Bewegungsdrang und ihren motorischen Fähigkeiten. Denn um einen Anhänger voller Milchkannen vom Stall zum Haus zu bewegen, müssen sich die Kleinen schon ein bisschen anstrengen und körperlich aktiv werden.

Überhaupt ist ganz schön viel los an so einem Arbeitstag auf dem Bauernhof. Kaum ist eine Aufgabe erledigt, steht schon die nächste an. Dazu muss erst mal das Fahrzeug umgebaut werden. Statt des Milchanhängers hinten kommt jetzt vorne ein Schaufellader dran. Und später, wenn es ans Holzsammeln geht, werden Holzgreifer und Kipplader anmontiert. Dank des einfachen Stecksystems ist das zwar kinderleicht, aber Ihr Sprössling freut sich sicher trotzdem, wenn Papa dabei hilft. Und geteilte Arbeit ist nicht nur halbe Arbeit, sondern im Team macht sie auch doppelt so viel Spaß!

Für die Kids ist das eine Riesenfreude und sie sind mächtig stolz, wenn sie den Papa auf so tatkräftige Weise unterstützen können. Sie fühlen sich ernst genommen und erfahren, dass sie gebraucht werden – ein Erfolgserlebnis besonderer Art.

Außerdem lernen die Kinder durch die vielfältigen spielerischen Einsatzmöglichkeiten, die ihnen die Fahrzeuge mit ihrem Zubehör bieten, jede Menge Praktisches für den Alltag – zum Beispiel, dass ein Anhänger umkippt, wenn man ihn falsch belädt, oder dass die Milchkannen umfallen, wenn man zu rasant und eng in die Kurve fährt.

Eine Hand wäscht die andere

Umgekehrt kann Papa dann sicher auch auf seinen Nachwuchs zählen, wenn zum Beispiel der Garten mal wieder auf Vordermann gebracht werden muss: Während Sie noch den Rasen mähen oder die Hecke schneiden, bringt Ihr Sprössling schon einmal unaufgefordert Heuwagen und Frontlader an, schwingt sich auf seinen rollytrac und sammelt die Abfälle ein. Und ehe Sie sich versehen, liegen Gras und Geäst schon auf dem Komposthaufen.

Und auch das leidige Schneeschippen im Winter ist eher Spiel als Arbeit, wenn Sie sich gemeinsam mit Ihrer Tochter oder Ihrem Sohn ans Werk machen und sehen, mit welchem Eifer Ihr Nachwuchs auf seinem kleinen Schneepflug Bahn für Bahn die Einfahrt freiräumt.

Gemeinsam Weichen stellen

Was verbindet zwei Menschen stärker, als sich gemeinsam auf etwas zu freuen, eine Begeisterung zu teilen – z. B. für ein gemeinsames Hobby. Auch für Vater und Kind ist geteilte Freude in diesem Fall doppelte Freude. Vor allem aber ist ein gemeinsames Hobby für Väter eine Möglichkeit, intensiv und regelmäßig Zeit mit ihrem Nachwuchs zu verbringen – eine wichtige Voraussetzung für eine vertrauensvolle Vater-Kind-Beziehung.

Gerade die Regelmäßigkeit, mit der Sie sich dem Hobby widmen, ist für Ihr Kind besonders wichtig. So kann z. B. das Spiel mit der Modelleisenbahn zu einem wertvollen Familienritual werden, das Kindern ein Gefühl von Beständigkeit und Verlässlichkeit gibt. Die Kleinen lernen: Auch wenn Papa die Woche über weniger Zeit zum Spielen hat – am Samstag ist er ganz für mich da und wir haben wieder jede Menge Spaß miteinander!

Zwei Generationen vereint

Und welches Hobby macht Groß und Klein so viel Spaß wie die Modelleisenbahn. Väter, die die Märklin-Bahn selbst noch aus ihren Kindertagen kennen, entdecken fasziniert, was die digitalen Startpackungen heute möglich machen. Nur schwer lässt sich feststellen, wessen Augen mehr leuchten, wenn das Schienennetz steht, alle Weichen gestellt sind und der Feuerwehrzug oder ICE schließlich Fahrt aufnimmt – die des großen oder die des kleinen Lokführers.

Dass der Papa genauso viel Spaß am gemeinsamen Spiel hat wie sein Sprössling, ist alles andere als belanglos. Denn Kinder spüren genau, wenn Erwachsene nur halbherzig bei der Sache sind, und fühlen sich in ihren Bedürfnissen nicht ernst genommen. Aber abgesehen von den leuchtenden Augen, die eine vorbeidüsende Lok hervorruft, ist die Modelleisenbahn ein Hobby, das soziale Eigenschaften und das familiäre Miteinander in besonderem Maße fördert. Gemeinsam wird gebastelt, gespielt und diskutiert. Dabei werden Fantasie und Kreativität angeregt, planerisches Denken, lösungsorientiertes Handeln und technisches Verständnis geschult.

Ganz nebenbei ergibt sich auch eine wunderbare Gelegenheit, mit Ihrem Kind zu reden – darüber, was die Woche über in der Schule los war, was Ihren Nachwuchs bedrückt oder was er besonders schön fand.

Auf Schatzjagd mit Papa

Sie führen ein Leben voller Abenteuer, genießen grenzenlose Freiheit und verbergen ihre wahre Identität hinter Namen wie Long John Silver oder Captain Hook. Furchtlos und außerhalb aller Gesetze beherrschen sie die Sieben Meere. Kaum eine Welt ist so mythenumwoben und geheimnisvoll wie die der Piraten. Seit Generationen fasziniert sie Groß und Klein in Büchern und Filmen. Begeistert davon schlüpfen Kinder selbst in die Rolle mutiger Seeräuber. Sie verkleiden sich und begeben sich auf die Suche nach verborgenen Schätzen.

Warum lassen Sie sich daher nicht einfach anstecken von Ihrem Nachwuchs und machen an einem sonnigen Wochenende einen gemeinsamen Piraten-Abenteuerausflug? Ohne dass Sie dazu tatsächlich auf die sieben Weltmeere hinaussegeln und Schiffe überfallen müssen. Richtig eintauchen ins Reich der Piraten können Sie mit dem Rollenspiel „Piraten auf Schatzjagd" von Ravensburger. Es beinhaltet neben großen Schiffen und (fast) echten Kanonen eines der Weltmeere in Form eines riesigen Spielteppichs, der sich auf einer Wiese im Grünen genauso ausbreiten lässt wie im heimischen Kinderzimmer. Und die Spielfiguren sind Sie und Ihre Sprösslinge selbst!

Papa und Junior können dabei entweder gegeneinander antreten oder gemeinsam gegen ein zweites Piratenteam spielen.

Leinen los!

Drei Aufgaben gilt es so schnell wie möglich zu lösen. Dabei sind Instinkt, taktisches Gespür und vor allem Zielsicherheit gefragt. Denn um die wertvollen Schatztruhen aus dem Turm zu erbeuten, müssen die Piraten mit der Kanone zunächst das Schatzfach treffen. Auch das gegnerische Schiff bietet eine Vielzahl an Zielen: Ob die Schatztruhe im Heck, das vordere Segel oder die Laterne – nichts ist vor den Piraten sicher. Wer hat mehr Fingerspitzengefühl und kann besser zielen – der große oder der kleine Pirat?

Gewonnen hat, wer als erster mitsamt der Schatztruhe und Siegestrophäen wie der gegnerischen Flagge oder Galionsfigur wieder in einen Hafen einfährt. Echte Piraten feiern erfolgreiche Beutezüge abends am Lagerfeuer. Und so kann auch Ihr gemeinsamer Abenteuerausflug in die Piratenwelt damit ausklingen, dass der Verlierer dem Gewinner einen Fisch grillt und serviert.

Solche gemeinsamen Spielerlebnisse schweißen zusammen und bleiben bestimmt lange Zeit im Gedächtnis. Und Sie werden sehen: Die Schatzjagd der Piraten macht Ihnen bestimmt genauso viel Spaß wie Ihrem Kind!

Mein Papa ist mein Held

„Damit das Mögliche entsteht, muss immer wieder das Unmögliche versucht werden.“
Hermann Hesse

Oh nein, mein Turm ist eingestürzt und der böse Drache kommt immer näher! Hilf mir!“ Akribisch und konzentriert hat Ihr Töchterchen in den letzten zehn Minuten Stein für Stein einen imposanten Turm gebaut. Doch kaum steckt die Turmspitze, stürzt das Bauwerk ein. Als edler Ritter wollen Sie Ihrer Prinzessin möglichst schnell einen neuen Turm bauen. Aber Sie tun Ihrem Kind einen größeren Gefallen, wenn Sie es selbst herausfinden lassen, wie man einen Turm so baut, dass er stabil steht.

Im Spiel mit altersgerechtem Konstruktionsspielzeug lernt Ihr Nachwuchs, nach eigenen Lösungswegen zu suchen. Eine Fähigkeit, die ihm später im Leben sehr zugute kommen wird. Natürlich ist es trotzdem schön, wenn Sie mit helfender Hand oder kleineren Tipps zur Seite stehen.

Spiel mit Figuren

Die großen bunten Bausteine von Mega Bloks eignen sich schon für Kinder im Vorschulalter. Dazu gibt es verschiedene Sets mit passenden Figuren, den Block Buddies: Mit Prinzessin, Ritter und Drache können sich die Kleinen in märchenhafte Fantasiewelten träumen. Aber auch reale Welten können sie nachbauen, z. B. einen Bauernhof mit Kühen und Schweinen, Bauer und Bäuerin oder die eigene Nachbarschaft mit Feuerwehrmann und Polizist.

Das Spiel mit den Figuren ist für Ihren Sprössling genauso wichtig wie das Bauen. Denn im Rollenspiel lernt er, sich auf unterschiedliche Perspektiven einzustellen, und verarbeitet eigene Erlebnisse. Für Sie als Vater ist das gemeinsame Spiel somit zugleich ein Einblick in die Gedanken- und Gefühlswelt Ihres Kindes.

Rot und Blau – passt genau!

Während das Rollenspiel erst ab dem dritten Lebensjahr größere Bedeutung bekommt, prägt das Kombinieren von Dingen das kindliche Spiel vom ersten Lebensjahr an. Durch das Zusammensetzen bunter Steine und einzelner Teile erschließen sich die Kleinen das Reich der Farben und Formen.

Wieso passt das Runde nicht in das Eckige? Was ist Rot und was Blau? Das herauszufinden macht mit den lustigen „Tiny 'n Tuff“-Fahrzeugen richtig Spaß: Ihr Kind hält nach dem Zusammenbauen aller Teile ein buntes Cabrio, Renn- oder Geländeauto in Händen und Papa sieht unmittelbar, wie sein Sprössling von Mal zu Mal geschickter wird.

MEGA BLOKS

Worte kniffeln

Es muss nicht immer ein langer Spieleabend sein … Oft gibt es Situationen, für die sich kurze, vielleicht sogar selbst erdachte Beschäftigungsideen am besten eignen. Wer schon mit Kind(ern) im Restaurant längere Zeit auf das Essen warten musste, weiß, wovon hier die Rede ist. Ingeborg Woelk aus Leverkusen hat die Idee zu einem Spiel eingeschickt, das sie selbst als Kind von ihrem Vater gelernt hat:

„Das Wort BROT oder ein anderes Wort wird einmal von oben nach unten geschrieben und einmal von unten nach oben. Mit den Anfangs- und Endbuchstaben werden nun Worte gebildet. Das Spiel kann eine Person allein spielen oder zusammen mit anderen und vereinbarten Spielregeln bezüglich Zeit- und Punktwerten."

B	T
R	O
O	R
T	B

B		A		R		T
R	O		L		L	O
O			H			R
T		A		U		B

Gutschein für Kinder!

Na, hat Papa mal wieder wenig Zeit in letzter Zeit? Dann wird es Zeit, ihm auf ganz besondere Art und Weise zu sagen, dass ihr mit ihm spielen möchtet. Am besten schreibt ihr diesen Gutschein ab oder lasst ihn euch kopieren, kreuzt euren Spielwunsch an und übergebt Papa den Gutschein!

Lieber Papa, spiel' mit mir!
Meine Puppe reich' ich dir.
Zieh' sie an, kleid' sie ein,
rundherum, dann ist sie fein!

Lieber Papa, bau mit mir!
Eine Höhle wünsch' ich mir.
Groß und breit, hoch und weit,
rundherum, für uns zu zweit!

Lieber Papa, spiel mit mir!
Schau dazu auf dies Papier!
Was hier steht, wird gemacht,
ist rundherum für uns gedacht:

Tipp: Der Text lässt sich auch singen – auf „Brüderchen, komm tanz' mit mir!".

☐ Heute spielen wir draußen das Spiel:

____________________________.

☐ Heute spielen wir Rollentausch:
Ich bin du und du bist ich.

☐ Heute balgen wir mal wieder.

☐ Heute machen wir einen Familienspieleabend.

Martin Schmucker mit Sohn Jonas, 10 Monate, aus Köln

Mit Papa

Klack – die Tür fällt ins Schloss und dann heißt es: So, jetzt sind wir allein!

Früher waren Rollen und Zeit meist klar verteilt: mittags Mama – abends Papa. Heute nehmen Väter schon eher auch mal Elternzeit und betreuen ihre Sprösslinge in den ersten Lebensjahren. Oder Trennung und Scheidung stellen Vater und Kind(er) vor eine völlig neue Situation. Wie gestalten sie die gemeinsame Zeit?

Papa steht vor der Frage, was er in seinem „Aktionsangebot" haben muss. Schließlich wird die ganze Palette von Toben bis Kuscheln erwartet. Aber das Leben besteht nicht nur aus Freiheit und Abenteuer – auch Alltägliches wie der Haushalt will bestritten werden. All das geht am besten nach dem Motto:
„Gemeinsam sind wir stark".

allein zu Haus

Väter – auch nach Trennung und Scheidung

Wie erleben Kinder Trennungs- und Scheidungssituationen? Wie fühlen sie sich, wenn sie einen Elternteil, häufig den Vater, plötzlich seltener sehen (können)? Wie können Väter und Mütter ihren Kindern helfen, die neue Situation zu verarbeiten?

Der Mann, der Papa heißt

An diesem Morgen verlässt Peter an der Hand seiner Mutter das Haus. Peter weiß: Heute treffen sie wieder den Mann, der „Papa" heißt. Auf dem Weg zum Spielplatz ist die Mama immer anders. Irgendwie finster. Der Mann freut sich, wenn er Peter sieht, er will mit Peter spielen.

Peter weiß nicht so recht. Er möchte schon. Der Papamann kann schön spielen und ist freundlich zu ihm. Zur Mama ist er anders. Auch irgendwie finster. Peter guckt, wie die Großen miteinander umgehen. In ihm selbst geht eine tiefe Unsicherheit um. Seinen Kinderarzt und den Bäcker an der Ecke kennt Peter besser.

So beschreibt Ursula Kodjoe aus der Sicht eines (fiktiven) Jungen die Empfindungen vieler Kinder, wenn sie sich nach der Trennung der Eltern von ihrem Vater entfremdet haben.

Ursula Kodjoe ist Diplom-Psychologin, Mediatorin und Familientherapeutin in freier Praxis bei Freiburg. Ihr Schwerpunkt ist das natürliche Recht der Kinder auf die Beziehung zu Vater und Mutter auch nach deren Trennung. Ursula Kodjoe hat nach eigener Aussage die Vision, dass Eltern aus Liebe zu ihren Kindern ihre Verletzungen und ihre Konflikte auf anderem Wege regeln, als die Kinder hineinzuziehen und in monate- und jahrelangen Prozessen „in der Mitte durchzureißen".

Trennung und Scheidung aus Kindersicht

von Ursula Kodjoe

Die Trennung der Eltern ist für viele Kinder schwer, weil sie das ganze bedrohliche Drumherum zwar mit jeder Pore spüren, aber häufig keine Erklärungen dafür haben. In der klugen Literatur bekommen Eltern den ebenso klugen Hinweis, ihrem Nachwuchs „entwicklungs- und altersgemäße Erklärungen" zu geben. Dass Eltern nicht sagen: „Wir lieben uns nicht mehr", versteht sich von selbst, denn daraus folgt für die Kinder: „Wenn sie mich nicht mehr lieben, dann scheiden sie sich auch von mir." Das kann zu andauernder Beziehungsunsicherheit führen.

Dass sie auch nicht sagen: „Wir streiten zu viel", sollte auch klar sein, denn dann könnten die Kinder aus Angst ab sofort jede noch so normale aggressive Regung unterdrücken. Das kann zu andauernder Konfliktvermeidung führen.

Eine ebenso lapidare wie verständliche Erklärung ist, dass die Eltern gemeinsam (!) beschlossen haben, auseinander zu ziehen und in verschiedenen Wohnungen (Orten) zu wohnen. Dann wird den Kindern ehrlich mitgeteilt, was sich in ihrem Leben ändern wird und was unverändert bleibt. Wichtig ist die wiederholte Versicherung, nach der Methode „Schallplatte mit Sprung“:

1. dass beide Eltern sie weiterhin lieben und dass sie keinen verlieren
2. dass die Kinder an der Trennung nicht schuld sind.
3. dass sie die Eltern nicht wieder zusammenbringen können
4. dass die Eltern in ihren Kindern keine Tröster, Beschützer, Verbündete wollen und auch nicht, dass die Kinder für einen Elternteil Partei ergreifen
5. dass sie beide Eltern weiterhin liebhaben dürfen – das klingt selbstverständlich, ist es aber für die Kinder häufig nicht. Sie müssen es von beiden Eltern hören.

Wie merken Eltern darüber hinaus, was auf ihr Kind, auf sein Alter und auf seine Verständnisfähigkeit passt? Zuallererst geht es darum, das Kind, den Jugendlichen zu „erkennen“. Nach Elterntrennung ist ein häufiger Vorwurf, der Vater kämpfe nur um sein Recht. Er interessiere sich nicht wirklich für sein Kind, übernehme keine Verantwortung im Kinderalltag, ja, er kenne sein Kind gar nicht wirklich (siehe auch Papa im Stress-Check, S.14).

Familienritual zum Tagesausklang

Frage: „Wie war dein Tag?“

Die Familie nimmt sich nach dem Abendessen Zeit und setzt sich gemütlich zusammen. Ein Familienmitglied beginnt von seinem Tag zu erzählen, danach kommen die anderen, bis alle gesprochen haben. Wichtige Regeln dabei:

1. Jeder hat alle Zeit, die er braucht – wenn er fertig ist, dann sagt er es. Jeder spricht nur von sich selbst, von dem was er erlebt hat und wie das für ihn war.
2. Niemand wird unterbrochen, niemand redet dazwischen. Nichts kommentieren, nur zuhören, damit wird nichts bewertet oder beurteilt. Jeder hat das Recht auf seine eigenen Gefühle und Gedanken. Auch am Schluss wird keinem etwas ein- oder ausgeredet. Es ist okay, wenn sich jemand entschuldigen will.

Themen, über die gesprochen wird:

Was war für mich besonders schön?
Was hat mir gut gefallen?
Wer war besonders nett zu mir?
Was war heute für mich nicht gut?
Was hat mich geärgert, verletzt?
Wer war besonders blöd zu mir?
Was hat mir Angst gemacht?
Was wünsche ich mir morgen?

Stimmt's oder stimmt's nicht?

Wenn ein 6-Jähriger sagt: „Ihr könnt mich ja in der Mitte durchteilen, dann hat jeder die Hälfte von mir", dann stimmt etwas nicht.

Wenn eine 14-Jährige sagt: „Kaum komme ich zur Tür rein, textet er mich mit dem Scheidungsscheiß zu, ich kann's nicht mehr hören", dann stimmt etwas nicht.

Wenn ein 10-Jähriger sagt: „Ich würd' schon gerne öfter zum Papi, aber dann ist die Mami immer so traurig", dann stimmt etwas nicht.

Wenn ein 4-Jähriger sagt: „Ich hab jetzt zwei Daheims und überall gefällt's mir", dann stimmt's.

Wenn eine 20-Jährige rückblickend sagt: „Meine Eltern haben sich richtig anständig getrennt, sie waren immer für mich da und keiner ist über den anderen hergezogen", dann stimmt's.

Wenn ein 18-Jähriger sagt: „Meine Abifete war richtig gut und meine Alten haben sich toll benommen, obwohl sie schon zehn Jahre geschieden sind", dann stimmt's auch.

Wie kann es gehen? Wie können Kinder mit der Trennung so zurecht kommen, dass es in ihrer Welt wieder stimmt?

Fünf Faktoren

Fünf Faktoren erleichtern Kindern die Bewältigung der Elterntrennung und ihre Anpassung an das Geschehen vor, während und in der Zeit nach der Trennung oder Scheidung:

1. Ausreichend Kontaktmöglichkeiten...

...mit beiden Eltern, damit die Kinder ihre Beziehung zu beiden weiterhin leben können:

- dem Kind das Gefühl vermitteln, von dem hauptsächlich betreuenden Elternteil nicht gehindert zu werden
- das Gefühl vermitteln, vom anderen Elternteil nicht aufgegeben zu werden: Verlassenheits-, Schuld- und Minderwertigkeitsgefühle erkennen
- Verunsicherungen auflösen durch emotionale Sicherheit „Meine Eltern haben sich nicht von mir getrennt"
- realistische Bilder beider Eltern erhalten – keine Idealisierung und keine Abwertung

2. Eine kooperative, konfliktarme Zusammenarbeit der Eltern

- Überwinden der Sprachlosigkeit
- Wiederherstellen der direkten Kommunikation über Fragen, die die Kinder betreffen
- Eingehen auf die Probleme der Kinder, Unterstützung bei der Bewältigung der Lebensveränderungen
- Modellcharakter des eigenen Verhaltens auf die Kinder beachten

- Eigene Reaktionen verstärken die Reaktionen der Kinder, emotionales Klima steckt an (Trauer, Ängste, Wut)

3. Demokratischer Erziehungsstil beider Eltern

Erziehungsfähigkeit wiederherstellen, die in der Zeit der emotionalen Turbulenz herabgesetzt war:

- Kinder in ihr Kinderleben zurückführen
- liebevolles, verständnisvolles Eingehen auf die Kinder
- reale und emotionale Verfügbarkeit der Eltern
- klare Grenzen setzen und Regeln aufstellen
- altersgemäße Forderungen und Aufgaben stellen

4. Minimale Veränderungen in der Lebenswelt der Kinder

Umgebungskontinuität, Freunde, Zugehörigkeiten erhalten

- Umzüge in weit entfernte Wohnorte überdenken
- Kindergarten- und Schulwechsel vermeiden

5. Verlässliches soziales Beziehungsnetz für Eltern und Kinder

- Großeltern, Verwandte beider Eltern
- Freunde der Kinder, Freunde der Eltern
- Gemeinschaften, Vereine

Das Cochemer Modell

Im Jahre 50 v. Chr. haben die Römer ganz Gallien besetzt. Nur ein kleines Dorf im Norden leistet hartnäckig Widerstand. Allen voran kämpfen der schlaue Asterix und sein bärenstarker Freund Obelix leidenschaftlich gegen die Römer. Denn ein mysteriöser Zaubertrank verleiht den Galliern außergewöhnliche Kräfte. (aus: Asterix, der Gallier)

Wenn vom so genannten „Cochemer Modell“ die Rede ist, taucht häufig der Vergleich mit dem berühmten „Asterixdorf“ auf. Denn das Mosel-Städtchen Cochem hat für Aufsehen gesorgt. Dort läuft seit 1992 bei Scheidungsverfahren einiges anders als im Rest der Republik. Zu verdanken ist das dem dort tätigen Familienrichter Jürgen Rudolph.

In etwa 98 Prozent der Fälle gibt es ein gemeinsames Sorgerecht. Ein Umgangsboykott ist so gut wie ausgeschlossen. Kindschaftsrechtsverfahren werden innerhalb von 14 Tagen anberaumt. Wenn Eltern sich nicht einigen können, schickt Jürgen Rudolph sie aus der Verhandlung heraus in eine Beratungsstelle. Die Verhandlung ruht, bis die Eltern mit professioneller Unterstützung eine gemeinsame Regelung gefunden haben für alles, was die Kinder betrifft. Selbst zerstrittene Paare haben sich in Cochem als Elternteile zusammengefunden und tragen gemeinsam Verantwortung für ihre Kinder.

„Starre ‘alle zwei Wochenenden’-Besuchsregelungen bleiben Ausnahmen“, resümiert Rüdiger Meyer-Spelbrink, Bundesvorsitzender des Väteraufbruch für Kinder e.V., erfreut. „Diese Arbeitsweise wird sich auch in anderen Bundesländern durchsetzen. Denn Kinder wollen ihre Eltern behalten. Auch nach Trennung und Scheidung.“

Väter sind wichtig, weil ...

Fragt man Kinder, warum ihnen der Papa wichtig ist, könnte man alleine mit diesen Antworten ein Buch füllen. Die Familienforschung hat die Bedeutung der Vater-Kind-Beziehung erst spät „entdeckt", aber vor allem in den letzten Jahren mit vielfältigen Erkenntnissen bestätigt, dass der Anteil des Vaters an der gesunden psychischen und sozialen Entwicklung des Kindes ebenso groß ist wie der Beitrag der Mutter. Und das, obwohl Papa meist berufsbedingt weitaus weniger Zeit mit seinen Söhnen und Töchtern verbringt.

Andreas Gartemann aus Ibbenbüren mit Sohn Moritz, 1 1/2 Jahre

Der renommierte Familienforscher Prof. Dr. Wassilios E. Fthenakis betont: Beide Eltern weisen zwar mehr Ähnlichkeiten als Unterschiede im Erziehungsverhalten auf, haben aber auch unterschiedliche Auswirkungen auf die mittel- und langfristige Entwicklung ihrer Kinder. Während die Mutter – internationalen Studien zufolge – stärkeren Einfluss auf die Beziehungen des Kindes innerhalb der Familie und zu Freunden hat, haben die väterlichen Merkmale offenbar größere Bedeutung für das Selbstwertgefühl, das Bildungsniveau und die spätere berufliche Laufbahn des Kindes.

Dass das Ausmaß der gemeinsam verbrachten Zeit nicht der ausschlaggebende Maßstab für die Qualität der Vater-Kind-Beziehung ist, wurde bereits wissenschaftlich belegt. Einfühlungsvermögen, das Erkennen und Reagieren auf die Bedürfnisse des Kindes, Fürsorglichkeit und liebevolle Zuwendung werden von Experten als wichtige Faktoren für den Einfluss des Vaters auf die kindliche Entwicklung genannt.

Ein generelles Schema für die Ausübung der Vaterrolle gibt es nicht. Dazu sind die Rahmenbedingungen, unter denen Vaterschaft heute stattfindet, zu vielfältig. Beispiele dafür sind Scheidungs-, Patchwork- und traditionelle Familien.

Der neueren Väterforschung gelingt es jedoch, mit Vorurteilen aufzuräumen, die Männern den Zugang zur aktiven Auseinandersetzung mit dem eigenen Kind erschweren. Das unter Leitung von Prof. Fthenakis 2006 im Auftrag des Bundesministeriums für Familie, Senioren, Frauen und Jugend erstellte Gutachten „Facetten der Vaterschaft – Perspektiven einer innovativen Väterpolitik" gibt einen Überblick über die aktuellen Erkenntnisse der Väterforschung. Es liefert nicht nur Ansätze für die praxisbezogene Aufwertung von Vaterschaft in der Politik, sondern auch in der Familie und am Arbeitsplatz.

Einstieg in die Elternarbeit: je früher, desto besser

Rund zwei Drittel der Männer in Deutschland sehen sich heute in erster Linie als Erzieher ihrer Kinder. Die Funktion des Ernährers der Familie ist ihnen zwar nach wie vor wichtig, rangiert dennoch erst an zweiter Stelle der Bedeutungsskala. Hier hat sich in den letzten Jahren und Jahrzehnten ein deutlicher Bewusstseinswandel vollzogen: Viele Männer versuchen, sich von der Geburt des Kindes an stärker aktiv in seine Versorgung und Erziehung einzubringen.

Aktuelle Forschungsergebnisse belegen: Je früher Väter in die Elternarbeit eingebunden werden, desto mehr engagieren sie sich auch später. Das Verhalten der Mutter spielt dabei eine maßgebliche Rolle. Bestätigt und ermutigt sie den Partner in seinem Engagement, ist das dem frühen und konstanten Aufbau einer vertrauensvollen Beziehung zum Kind nur förderlich.

Als erwiesen gilt: Kinder können von Anfang an sowohl zur Mutter als auch zum Vater eine enge emotionale Bindung aufbauen. Ausschlaggebender Faktor ist der einfühlsame Umgang mit dem Kind. Die Väterstudie bekräftigt: „Männer können zwar nicht stillen, verfügen jedoch in gleichem Ausmaß wie Frauen über die biologischen Voraussetzungen für einen einfühlsamen Umgang und eine kompetente Interaktion mit ihrem Säugling und Kleinkind."

Eltern-Kompetenz wird keinem in die Wiege gelegt

Väter, die z.B. aus Furcht, in der Säuglingspflege etwas falsch zu machen, erst später in die (spielerische) Beschäftigung mit dem Kind einsteigen, sollten wissen: Auch Müttern werden Eltern-Fähigkeiten nicht in die Wiege gelegt. Sie müssen sie – ebenso wie Väter – im Umgang mit dem Kind lernen. Institutionen wie Familienbildungsstätten, Volkshochschulen, Hebammenpraxen und Privatinitiativen bieten mittlerweile auch ratsuchenden Männern mit ihren Angeboten zum Thema Väterbildung frühzeitig Hilfestellung. Ein Beispiel: Geburtsvorbereitungskurse sind schon längst keine reine Frauendomäne mehr. Männer, die auf diese und andere Weise Interesse an der gemeinsamen Zuständigkeit fürs Kind signalisieren, stärken damit auch das Vertrauen der Mütter in die kompetente Elternarbeit des Vaters.

Dieses Wir-Gefühl von Eltern ist wichtig, aber bei weitem noch nicht überall an der Tagesordnung. Mehr als die Hälfte der Frauen traut den Männern nicht zu, die Kinder zu erziehen. Und – so neue Erkenntnisse der Familienforschung: Manche Mütter sehen eine allzu engagierte Ausübung der Vaterrolle durch den Mann nicht wirklich gerne. Möglicher Grund: Sie möchten sich einen Zuständigkeitsbereich bewahren, in dem sie über die größeren Kompetenzen und mehr Einfluss verfügen.

Doppelbelastung Beruf und Familie: Auch Väter leiden

Wenn es um die Vereinbarkeit von Familie und Beruf ging, standen bislang vor allem Mütter im Blickpunkt der Öffentlichkeit. Traditionelle Rollenbilder und gestiegene berufliche Anforderungen haben sicherlich dazu beigetragen, dass man sich über derartige Probleme von Vätern weniger Gedanken machte. Väter wurden hauptsächlich in ihrer Funktion als „Brotverdiener" der Familie wahrgenommen.

Studien des „Families and Work Institute" (USA, 1997 und 2002) zum Beispiel belegen: Väter leiden gleichermaßen unter der schwierigen Vereinbarkeit von Job und Familie wie Mütter. Die Konflikte haben im Zeitraum zwischen den Vergleichserhebungen sogar zugenommen. Verantwortlich wird dafür – zumindest zum Teil – ein Wertewandel der Väter gemacht. Denn die Antworten der mehr als 3500 befragten Männer und Frauen ergaben, dass die Beteiligung der Väter an familiären Aufgaben wie Kinderbetreuung und Hausarbeit trotz Anstieg der Wochenarbeitszeit gewachsen war.

Auch für Väter in Deutschland gilt: Einerseits wollen sie mehr Zeit mit ihren Kindern verbringen und sich aktiv ins Familienleben einbringen, andererseits ist zunehmender Einsatz im Beruf gefragt, um Karriere zu machen oder auch „nur" die finanzielle Absicherung der Familie zu gewährleisten. Vor dem Hintergrund, dass die meisten Väter nach wie vor als Vollzeitarbeitskräfte beschäftigt sind, ist diese Aufgabenteilung nicht leicht zu bewältigen. Familienforscher berichten, dass manche Männer, die sich von der Doppelbelastung überfordert fühlen, mit Rückzug reagieren. Andere geben dem Beruf Vorrang und beschäftigen sich dafür in der Freizeit intensiver mit den Kindern – insbesondere am Wochenende.

Verstärkt wird das, was die Wissenschaft als ein „oft unsichtbares Dilemma" bezeichnet, durch eine scheinbar widersprüchliche Wahrnehmung von Familie am Arbeitsplatz. Die Väterstudie belegt das plastisch: „So wird das berufliche Engagement häufig in Frage gestellt, wenn Männer Verpflichtungen gegenüber ihrer Familie erwähnen, während interessanterweise ein Familienfoto auf dem Schreibtisch eines Mitarbeiters als positives Anzeichen von Verlässlichkeit bewertet wird. In der Folge unternehmen Männer alles Denkbare, um ihr Familienleben am Arbeitsplatz geheim zu halten."

Rollentausch schadet nicht – im Gegenteil

Auch wenn das Engagement des Vaters in der Familie in den letzten Jahren deutlich zugenommen hat, verbringt die Mutter in der Regel weiterhin die meiste Zeit mit den Kindern, ist Ansprechpartnerin, wenn es um die Organisation des Familienalltags geht. Hausmänner sind die Ausnahme, wenn ihre Zahl in Zeiten hoher Arbeitslosigkeit und sich verändernder Rollenmodelle auch langsam wächst.

Erste Erhebungen hierzu zeigen, dass der längerfristige Rollentausch noch Konfliktstoff zwischen Müttern und Vätern bietet. Ist er aber von vornherein auf bestimmte Zeit angelegt, wird er durchaus positiv bewertet. Die Gründe: Beide Eltern haben die Gelegenheit, eine intensive Beziehung zum Kind aufzubauen, gleichzeitig wird mehr Verständnis für die Aufgabenbereiche des Partners geschaffen. Ein Konzept, das durch das geplante Elterngeldmodell mit integrierten Vätermonaten gefördert wird.

Mehr Unterstützung für aktive Väter

Das neue Väter-Gutachten siedelt die Schaffung von Rahmenbedingungen, die Eltern ihr bevorzugtes Partnerschaftsmodell auch nach der Geburt von Kindern ermöglichen, auf der politischen Prioritätenliste ganz oben an. Denn mit der Familiengründung wird bei Partnern, die zuvor beide berufstätig waren, häufig ein Traditionalisierungsprozess in Gang gesetzt, der zu einem Ungleichgewicht in der Rollenverteilung führt: Mütter bleiben – zumindest für die ersten Jahre – in Voll- oder Teilzeit als Familienmanagerin zu Hause. Väter kompensieren den Verdienstausfall durch Mehrarbeit und sind damit weniger für die Kinder verfügbar – ein Teufelskreis.

Damit Männer eine aktive Vaterschaft in gleichberechtigten Partnerschaften tatsächlich leben können, empfiehlt die Studie eine vätersensible Familienpolitik mit verstärkter Unterstützung in unterschiedlichen Bereichen. Dazu zählen das Elterngeld, der Ausbau der Kinderbetreuung und staatliche Wettbewerbe für Unternehmen, die bessere Rahmenbedingungen zur Vereinbarkeit von Familie und Beruf schaffen. Als wichtig stufen die Experten unter anderem auch die systematische Erweiterung der Familienbildungs- und -beratungsangebote ein, die konkrete Hilfestellung leisten.

Das 249 Seiten starke Gutachten „Facetten der Vaterschaft – Perspektiven einer innovativen Väterpolitik“ hat das Bundesministerium für Familie, Senioren, Frauen und Jugend im Februar 2006 herausgegeben und veröffentlicht.

Auf zu Papa!

Einen letzten prüfenden Blick wirft Julian in seinen Rucksack. Hat er auch nichts Wichtiges vergessen? Für Proviant hat seine Mutter gesorgt, seinen Schmusehasen Benni hat Julian oben drauf gesetzt. Kaum hat er den Rucksack zugemacht, steht auch schon die Mutter mit dem Anorak in der Tür. Denn es wird Zeit, sich auf den Weg zum Bahnhof zu machen.

Julian ist 10 Jahre alt. Seine Eltern leben getrennt. Er wohnt mit seiner Mutter in Köln. Sein Papa lebt in Hamburg und Julian macht sich heute zum zweiten Mal alleine auf den Weg zu ihm. Naja, ganz alleine nun auch wieder nicht: Er fährt mit dem Zug und wird dabei von einem pädagogisch geschulten Betreuer begleitet. „Kids on Tour" heißt dieser Service, den die Deutsche Bahn gemeinsam mit der Bahnhofsmission für allein reisende Kinder anbietet.

Die Betreuer nehmen die Kinder vor der Abfahrt am Bahnhof in Empfang und begleiten sie so lange, bis sie am Zielbahnhof abgeholt werden. So haben die Eltern Gewissheit, dass ihr Kind sicher ankommt, nicht aus Versehen zu früh oder zu spät aussteigt oder beim Umsteigen den falschen Zug erwischt. Denn schließlich ist ein Zug kein „geschlossenes System" wie das Flugzeug.

Auf einen Blick

- Kids on Tour ist ein Betreuungsangebot für allein reisende Kinder im Alter von 6 bis unter 15 Jahren.
- Der Service kostet zusätzlich zur Kinderfahrkarte 25 €, mit Umsteigen 35 €.
- Angeboten wird der Service freitags und sonntags auf ausgewählten Strecken und Zügen.
- Pädagogisch geschultes Personal begleitet und unterhält die Kinder vom Abfahrts- bis zum Zielbahnhof.

Eine Bahnfahrt, die ist lustig

Als er das erste Mal alleine zu Papa gefahren ist, war Julian schon ein bisschen aufgeregt. Aber heute freut er sich richtig darauf, denn beim letzten Mal hat er im Zug drei andere Kinder kennen gelernt, mit denen er fast die ganze Fahrt über gespielt hat – einen Koffer voller Spiele haben die Betreuer immer dabei. Aber auch als die anderen schon ausgestiegen waren, hatte er keine Langeweile. Denn da war ja noch Anne, die Betreuerin. Sie hat mit ihm weitergespielt, ihm lustige Geschichten erzählt und dann haben sie zu zweit schon einmal überlegt, was Julian in den kommenden Tagen alles gemeinsam mit seinem Papa unternehmen möchte.

BAHNHOFS MISSION

DB

Julian fand Anne supernett und er hofft, dass sie heute wieder seine Betreuerin ist. Wenn es gewünscht und möglich ist, richten es die Organisatoren ein, dass ein Kind mit seiner „Lieblingsbegleitung“ reisen kann, mit der es schon einmal unterwegs war und zu der es Vertrauen gefasst hat. Auf jeden Fall aber ist garantiert, dass eine Begleitperson nicht mehr als fünf Kinder betreut. Sobald es mehr sind, kommt ein weiterer Betreuer hinzu. Außerdem werden für die jungen Reisenden ausgewählte Abteile reserviert.

Julians Papa hat vor vier Wochen zum ersten Mal für seinen Junior gebucht, damit die beiden das Wochenende miteinander verbringen konnten. Sonst holte der Vater seinen Junior regelmäßig mit dem Auto ab, allerdings meist nur in den Ferien und an langen Wochenenden. Als dann vor vier Wochen das Auto nicht rechtzeitig aus der Werkstatt kam, suchte Julians Vater nach einer Alternative und informierte sich intensiver über das Betreuungsangebot Kids on Tour.

So können Eltern den Service Kids on Tour für ihre Sprösslinge buchen:

- Damit alles reibungslos funktioniert, sollten Sie spätestens sieben Tage vor Reiseantritt buchen.
- Die Deutsche Bahn hat eine spezielle Telefon-Hotline für den Service eingerichtet und Mitarbeiter entsprechend geschult: Tel. 01805-99 22 99 (Mo – Fr von 8 bis 20 Uhr; Sa von 8 bis 16 Uhr). Bei der telefonischen Buchung fragen die Mitarbeiter alle relevanten Details ab und übernehmen danach die Abstimmung mit dem Betreuungspersonal der Bahnhofsmission.
- Online finden Sie unter www.bahn.de/familien-kinder ein Anmeldeformular, das Sie auch direkt verschicken können.
- Per Post erhalten Sie dann den Beleg für die Buchung, einen Vertrag, der relevante Rahmenbedingungen rechtlich absichert und den Sie unterschreiben müssen, und eine hilfreiche Checkliste.

Von Freitag bis Sonntag

Da es in Deutschland noch andere Väter in ähnlicher Situation wie Julians Papa gibt, haben DB und Bahnhofsmission die Zugverbindungen mit diesem besonderen Service auch unter diesem Aspekt ausgewählt. Kinder getrennt lebender Eltern können freitags nach der Schule zum anderen Elternteil reisen und am Sonntagnachmittag die Heimreise antreten. Für Julian und seinen Vater bedeutet das, dass sie sich an mehr Wochenenden häufiger und länger sehen können. Denn während der Papa noch im Büro sitzt, macht sich der Sohn schon einmal auf den Weg zu ihm. Bis er ankommt, hat der Vater Feierabend und kann seinen Sprössling vom Bahnhof abholen. Mit dem Auto könnte Julians Vater überhaupt erst nach der Arbeit in Hamburg aufbrechen, müsste sich durch die unvermeidbaren Freitagsstaus quälen und käme vermutlich erst mitten in der Nacht in Köln an.

Den Nerv der Zeit getroffen

Kurzinterview mit Ellen Engel, bei der DB Fernverkehr AG zuständig für den Service Kids on Tour:

Seit wann gibt es diesen Service?
„Wir haben ihn gemeinsam mit unserem Partner, der Bahnhofsmission, im Juni 2003 gestartet. Das Angebot war zunächst als Modellversuch auf der Strecke Hamburg – Köln – Stuttgart angelegt, um die Nachfrage nach einer Betreuung allein reisender Kinder auszuloten."

Offenbar war die Nachfrage da …
„Ja, in den ersten sechs Monaten haben bereits 188 allein reisende Kinder das Angebot genutzt. Aufgrund der positiven Resonanz haben wir uns entschieden, den Service auch nach der Pilotphase weiter anzubieten. Im Sommer 2004 haben wir Kids on Tour dann auf weitere Strecken ausgedehnt und im Januar 2005 unser 1111. Kind an Bord begrüßt. Bis Mitte 2006 reisten schon 4.300 Kinder mit. Wir haben damit wohl den Nerv der Zeit getroffen, denn es gibt immer mehr Kinder, die am Wochenende zwischen zwei Elternteilen hin und her pendeln. Und da ist unser Angebot sowohl für die Eltern als auch für die Kinder eine echte Erleichterung."

Und wie sehen die Pläne für die Zukunft aus? Denken Sie darüber nach, den Service auf noch mehr Strecken oder auch an anderen Tagen anzubieten?
„Zahlreiche Anfragen interessierter Eltern und Großeltern dokumentieren die vorhandene Nachfrage nach einer Ausweitung des Betreuungsangebotes. Bereits im Gespräch und in Prüfung sind mögliche weitere attraktive Verbindungen (u.a. Anbindung von München), ebenso Zubringerdienste zu den Hauptstrecken."

Betten für Eltern

Wenn Familien von Trennung und Scheidung betroffen sind, gehen oft nicht nur die Kinder auf Reisen. Denn was sonst kann beispielsweise der Vater tun, wenn Mutter und Kind umgezogen sind, vielleicht sogar gleich viele hundert Kilometer weg? Und so legen auch Väter bzw. Mütter, die den Kontakt zu ihren weit entfernt wohnenden Sprösslingen halten wollen, häufiger lange Strecken zurück.

Durch die große Entfernung entstehen sehr hohe Fahrt- und Übernachtungskosten, die allerdings steuerlich nicht absetzbar sind. Auch unterhaltsrechtlich werden sie nur in Ausnahmefällen beim Ehegattenunterhalt angerechnet. Und wenn Papa – oder Mama – mit dem Nachwuchs in einem anonymen Hotelzimmer spielen muss, ist so etwas wie familiäre Atmosphäre in weite Ferne gerückt.

Zimmer frei? Zimmer frei!

Abhilfe schafft ein Angebot, das sich vor einigen Jahren aus der Idee eines betroffenen Vaters entwickelt hat: „Betten für Eltern“. Der Grundgedanke: Viele Kinderzimmer geschiedener Eltern in Deutschland sind für den Zeitraum von zwei Wochen verwaist. Liebevoll und gemütlich eingerichtet, Spielzeug ist vorhanden – eine fröhlich-bunte, kindgerechte Umgebung. Warum dieses Zimmer nicht einem anderen weit gereisten Vater oder einer anderen weit gereisten Mutter für ein Wochenende kostengünstig zur Verfügung stellen?

Die Idee dazu kam Tomas Opitz aus dem hessischen Dietzenbach im Jahr 2000: „Ich hatte ein komplett eingerichtetes Kinderzimmer, das jedoch nur sehr selten von meinem Sohn genutzt werden konnte. Ich hatte die Idee, dass es vielleicht noch andere Väter in vergleichbarer Situation geben und dass man sich vielleicht gegenseitig helfen könnte. Durch verschiedene Medienveröffentlichungen machte ich auf das Angebot aufmerksam und war überrascht von dem großen Zuspruch und der Unterstützung. Die Koordination lief größtenteils über Telefon, Karteikarten usw. Der technische Fortschritt machte es dann vor etwa drei Jahren möglich, das Angebot 'Betten für Eltern' online als Datenbank zur Verfügung zu stellen. Mittlerweile beinhaltet die Datenbank unter www.betten-fuer-eltern.de bundesweit mehrere Hundert dieser Übernachtungsmöglichkeiten.“

Als „Betten für Väter“ wurde das Projekt gestartet. Schnell stellten die Initiatoren aber fest, dass Mütter oder Großeltern vor den gleichen Problemen wie die Väter standen. Und so ist Betten für Eltern ein Angebot von Müttern, Vätern und Großeltern des „Väteraufbruch für Kinder e.V.“ für andere betroffene Eltern.

Papa aus Mütter-

Thomas Last aus Offenbach am Main mit Tochter Jana (8, links) und Nichte Jenny (7)

Ein Vater fällt nicht einfach so vom Himmel. Er braucht dazu noch zwei andere: die Mutter und das Kind, die ihn aus ganz unterschiedlichen Perspektiven betrachten.

Mama ist auf Augenhöhe. Sie weiß, dass sie manchmal noch ein weiteres Kind zu betreuen hat.

Für die Kleinen ist Papa der Größte, weil er sich von der Bohrmaschine nicht unterkriegen lässt und (fast) alles wieder ganz machen kann.

Papa ist nicht Mama und soll es auch gar nicht sein. Leicht gesagt. Aber es ist keineswegs einfach, die Vaterrolle nach eigenen Vorstellungen auszufüllen. Denn wer macht schon alles richtig? Und die Wahrheit liegt sowieso im Auge des Betrachters …

Martin Langer mit Tochter Emma, 4 Jahre, aus Hamburg © Martin Langer

und Kindersicht

Lass doch – ich kann es sowieso besser…

von Susanne Fröhlich

Susanne Fröhlich ist Autorin, Rundfunk- und Fernsehmoderatorin. Bekannt wurde sie vor allem durch ihre Single-Show „Allein oder Fröhlich" in der ARD, ihre Sendung „Ausgehspiel" im Hessischen Rundfunk sowie den Buchratgeber „Moppel-Ich". Als Co-Autorin von „Langenscheidt Deutsch – Mann/Mann – Deutsch. Männerverstehen leicht gemacht" trug sie 2005 auch zum besseren gegenseitigen Verständnis der Geschlechter bei. Susanne Fröhlich hat zwei Kinder. Sie lebt mit ihrer Familie in der Nähe von Frankfurt.

Mira und Frederik sind stolze Eltern. Die kleine Cora, jetzt knapp zwei Jahre alt, ist aber auch wirklich entzückend. Ein blondgelocktes Engelchen. Das finden beide. Mira und Frederik. Nach dieser Feststellung hört die große Einigkeit rund ums Elternglück Kind aber auch schon auf.

Denn Mira ist eigentlich ständig sauer. Richtig sauer. Was ihr Frederik sich da leistet, ist aber auch ein Hammer. Von leisten zu sprechen, verbietet sich eigentlich direkt. Denn was sich Frederik leistet, ist das große, große Nichts. Er kümmert sich einfach nicht. Meint jedenfalls Mira. Und ihre Freundin Ines ist ganz ihrer Meinung.

Alles, aber auch alles muss Mira selbst machen und das Drama war früh abzusehen. Findet Mira. Fast direkt nach der Entbindung, um genau zu sein. Viel hat Frederik da eh nicht gemacht. Betroffen geguckt und Atemanweisungen gegeben. Na ja. Aber dann: Bei den ersten Anrufen daheim. Mit genauen Anweisungen hat ihn Mira losgeschickt und er war doch tatsächlich zu blöd, Miras Mutter den genauen Kopfumfang von Cora durchzugeben. Ein Zeichen, da ist sich Mira sicher. Sie hätte erahnen können, was folgt. Auch in den ersten Wochen daheim. Unfähigkeit – dein Name ist Frederik. Bis der eine Windel gewechselt hat, ist „Wetten, dass?" gelaufen. Das grenzt ja an Folter für so ein Kind. Cora ist doch kein Übungspüppchen für Grobmotoriker wie Frederik. Mira wechselt Windeln einarmig und mit verbundenen Augen schneller.

Und: Nie kommt Frederik mal selbst auf was. Keinerlei Intuition. Der schafft es doch glatt, den ganzen Nachmittag Zeitung lesend auf der Couch zu hocken, ohne einmal nach Cora zu sehen, aber während ihres Mittagsschläfchens rennt er dann zielsicher nur mal so ins Zimmer, „um zu gucken, wie sie schläft", und weckt sie dabei fast auf. Idiotisch.

Wenn Mira auf dem Spielplatz andere Väter beobachtet, könnte sie heulen.

Oder vor Wut Frederik die sandige Kinderschippe um die Ohren klatschen. Gerade letzte Woche, als sie diesen gutaussehenden dunkelhaarigen Typ, Modell George Clooney, mit seinem kleinen Sohn auf dem Spielplatz gesehen hat. Was war das niedlich, die zwei auf der Rutsche, am Klettergerüst und beim Burgenbauen. Gut, der Kleine hatte keine Mütze auf, und das, wo doch eigentlich jeder Mensch weiß, dass gerade über den Kopf die gesamte Wärme aus Kinderkörpern entfleucht. Ruckzuck hat so ein Kind Kopfgrippe und wie das enden kann, weiß man ja. Es sollen ja schon Kleine an Kopfgrippe gestorben sein.

Aber wie hat Mira neulich ihre Freundin Linda beneidet. Linda, die sich abends einfach so an den gedeckten Tisch setzen kann. Linda, deren Mann Thomas es schafft, Abendessen zu machen, und anschließend sogar das Geschirr wegräumt. Frederik stellt sich da ja dermaßen ungeschickt an. Der schafft es doch tatsächlich, noch die Messer ins falsche Besteckkörbchen zu stecken. Das macht dann so viel mehr Mühe beim Ausräumen, dass Mira lieber gleich selbst einräumt.

Aber beim Sportprogramm der Kleinen hätte sie doch etwas mehr von Frederik erwartet. Schließlich ist ihr Frederik selbst ein sehr sportiver Typ. Jede Woche, Freitag Nachmittag, geht Mira mit Cora ins Eltern-Kind-Turnen. Frederik hat freitags früher Dienstschluss und könnte wunderbar mit seiner Tochter in den Kurs. Ein geradezu perfektes Timing könnte das sein.

Einmal hat Mira es probiert, und was rauskam, war ein grauenvoll peinliches Desaster. Er hat sich mehr um Frau Klenses, die aufgedonnerte Mutter der verstörten Valerie, gekümmert als um seine kleine Cora. Fast wäre Cora von der Sprossenwand geknallt, nur weil Frederik in der Turnhalle rumgebalzt hat.

Woher Mira das weiß? Von Ines, ihrer Freundin. Die hat es ganz genau gesehen und Cora gerade noch so aufgefangen. Frederik war es noch nicht mal peinlich. Und er streitet auch nicht ab, dass Frau Klenses wirklich eine ziemliche Sexbombe ist. Eine, die man gern mal genauer mustert. Dass Cora doof an der Sprossenwand hing, war allerdings nicht seine Schuld. Keinesfalls. Sondern Coras. Weil sie zu weit hochgeklettert ist. Obwohl er es ihr mehrmals gesagt hat. Auf solche Debatten hat Mira keine Lust. Deshalb geht sie zum Kinderturnen.

Mit dem Mutter-Kind-Schwimmen ist es ähnlich gelaufen. Nur dass Mira Frederik gar nicht erst hingeschickt hat. Frederik allein unter 15 Frauen im Badeanzug? So gerne, wie der mal einen Blick wirft. Nicht dass sie ihm das nicht gönnt, so kleinlich ist Mira nun wirklich nicht.

Aber wie soll er da seine Tochter im Auge behalten? Und am Ende trägt Frederik sie dann noch ohne Decke zum Auto, das nasse Haar im eisigen Wind, und Mira hat die nächsten Wochen das hustende Kind zu versorgen. Außerdem: Wie schnell aus einem Husten eine Lungenentzündung werden kann, weiß nicht nur Mira. Nein danke, allein die Vorstellung, das fehlt ja gerade noch. Beim Elternabend der Krabbelgruppe war Frederik auch nur genau ein Mal. Bei der Debatte des Tagesordnungspunktes: „Filzstifte – Für und Wider" hat er nach 54 Minuten das Lachen begonnen und ist ein Bier trinken gegangen. Nicht ohne den versammelten Eltern noch ein „Meine Cora darf, wenn sie mag und es ihr Spaß macht, auch mit den Füßen in Ölfarbe malen. Vor allem wenn die Schweinerei hier in der Krabbelgruppe stattfindet" zuzurufen. Mira hat sich wochenlang geschämt.

Ähnlich miserable Erfahrungen hat Mira mit Ausflügen von Vater und Tochter gemacht. Nicht nur dass Cora statt in der abwaschbaren Spielhose in ihrem besten dunkelblauen Samtkleid durch den Opel-Zoo gestapft ist, noch dazu durfte sie sich im Restaurant genüsslich zwei Fanta reinschütten. Und das, wo es bei Mira niemals was mit Zucker gibt. Da macht Frederik mit einem mickrigen Nachmittagsausflug Erziehungsbemühungen von Jahren kaputt. Kein Wunder, dass Mira die beiden nur sehr ungern irgendwohin alleine gehen lässt. Wer hat denn nachher das Theater? Mira natürlich. Und muss das sein? Nein.

Aber dann passiert der wahre Horror: Mira bricht sich das Bein und muss ins Krankenhaus. „Ein komplizierter Bruch", sagen die Ärzte und: „Zwei Wochen Krankenhausaufenthalt sind das Minimum." Schlimmer als die Schmerzen aber ist ihre Angst. Was wird mit der Kleinen? Wer soll sich kümmern? Wie soll das Leben funktionieren? Als klar ist, dass Frederik während der Zeit Urlaub nehmen kann, mildert das ihre Panik keineswegs. Im Gegenteil. Mira ahnt Grausiges.Und dann geschieht ein Wunder: Cora überlebt. Ohne Hirnhautentzündung, Hungerödeme, Kopfgrippe oder Fußpilz. Und das mit Frederik, Kinderturnen und ohne Mütze.

Mittlerweile ist Mira aus dem Krankenhaus raus. Ihr Bein ist heil und Frederik darf mittlerweile sogar die Spülmaschine einräumen. „Wie kommt's?", hat Ines ihre Freundin gefragt. „Man muss sie nur machen lassen", hat Mira geantwortet und dann lachend gefragt: „Hast du Lust auf Weggehen, Frederik ist zu Hause ..."

Franziskus Wendels mit Tochter Vivienne, 4 Jahre, aus Köln

Und das sagen andere (auch Schwieger-) Mütter...

Ingeborg Geitz aus Röthenbach:

„Damit unsere Tochter ein Jahr voll arbeiten konnte, um wieder in ihren Beruf zurückzukehren, nahm sich der Schwiegersohn ein Jahr Erziehungsurlaub. Er war schon zuvor ein liebevoller Papa, der stets geduldig mit seinen Kindern umging. Aber dieses Jahr hat er phantastisch gemeistert. Dazu kamen noch An- und Umbau, also viel Handwerkerdreck und Eigenarbeit. Der Schwiegersohn hat sich sehr viel Zeit für die Kinder genommen, alles stets in Ruhe erklärt, ließ sie auch mitarbeiten wie z. B. streichen, Kleber anrühren oder Farbe, verputzen etc. Freilich waren die Kinder dadurch oft mit Farbe beschmiert, aber sie waren begeistert. Ein perfekter Hausmann ist unser Schwiegersohn nicht geworden, aber ein perfekter Papa!“

Maria Joachim per Mail:

„Mein Mann hatte im ersten Jahr mit unserem Sohn nicht viel anfangen können. Frauen können sich viel eher auf die Beziehung mit einem Baby einlassen, da es sie nicht stört, in der Babysprache zu kommunizieren und überhaupt mit einem Menschen zu reden und zu agieren, der nicht wirklich antworten oder bewusst Dinge wiederholen kann! Männer hingegen haben da Hemmungen, sich zum 'Klops' zu machen. Jordan, unser Sohn, ist jetzt zwei Jahre alt und hat eine innige tiefe Beziehung zu seinem Papa aufgebaut! Das obligatorische Kuscheln, bevor er ins Bett geht, gehört genauso dazu wie das tägliche Toben. Meistens sind die Väter die besseren Spielgefährten (Fußball etc.).“

Markus Kilian aus Friedrichsthal mit seinen Söhnen Yannic-Leon, 2 Jahre (oben) und Marius-Björn, 9 Jahre

Elke Knospe aus Weimar:

„Papa Mario freut sich immer über einen Einkaufsbummel im Spielwarenladen, Besichtigung einer Modelleisenbahn. Fußball spielen, Drachen steigen lassen, ferngesteuerte Fahrzeuge oder einfach nur Quatsch machen, Wassersprünge und auch mal faulenzen. Mein Sohn Tom (6) ist immer interessiert, was Papa macht. Alles muss passen, kuscheln, aber auch mal schimpfen. Männer und Söhne ähneln sich nicht nur im Aussehen, auch der Charakter und die Interessen, auch Schusseligkeit. Beispiel: Beide sind schon während des Laufens durch Unaufmerksamkeit vor Laternen- oder Verkehrszeichen gelaufen.“

Anne Plagemann aus Leipzig:

„Was soll ein Vater, der sein Kind gut kennt, schlechter machen als eine Mutter?“

Tipps, Tricks und Texte zu Papa-Festen

von Karin Schäufler,
Diplom-Sozialpädagogin und
freie Texterin und Autorin
aus Frankfurt am Main

Das kennst du bestimmt auch: Bald schon ist Vatertag oder der Geburtstag deines Papas steht vor der Tür und du möchtest ihm natürlich gerne etwas schenken. Und wieder einmal stellst du dir seufzend und verzweifelt die Frage aller Fragen, die allseits berühmte „Ich-bin-zwar-sein-Kind-und-will-ja-gern-schenken-aber-was-Frage?!". So denkst du dir dann wahrscheinlich:

„Mein Papa hat zum Beispiel eigentlich schon alles, was er braucht. Ich möchte ihm auch nicht irgendwas schenken, sondern lieber etwas ganz Besonderes. Aber was bloß? Rasierwasser und Blumen etwa? Kommt nicht in Frage! Badezusatz und warme Socken? Wie einfallslos! Ein Buch und Pralinen? Nein, das ist viel zu langweilig. Einen Kuchen backen oder einen Schal stricken kann ich noch nicht. Ein Restaurantbesuch ist mir zu teuer und auch für die Eintrittskarten in den Zoo oder ins Kino reicht mein Taschengeld nicht.

Ich könnte meinem Papa ja das Versprechen schenken, ein Jahr lang ein ganz liebes und braves Kind zu sein. Aber ob ich das wirklich einhalten kann? Nein, das verspreche ich lieber nicht. Also: Was schenke ich meinem Papa? Klar, ich könnte ihm etwas malen oder basteln. Aber wenn ich's mir so recht überlege, dann hat mein Vater bestimmt schon mindestens eine Million Bilder und hundertzwanzigtausend gebastelte Sachen von mir bekommen. Also fällt diese Möglichkeit dieses Mal auch weg. Wenn ich nur des Rätsels Lösung wüsste ..."

Des Rätsels Lösung

Rätsel ...? Lösung ...? Moment mal ...! DAS ist es!

Warum soll ich hier noch länger rätseln? Weißt du was? Ich lasse einfach meinen Papa rätseln! Ja, genau! Ich nehme mir ein Lexikon und einen Duden zur Hand und entwerfe ein superschlaues und exklusives Väter-Rätsel.

Es gibt nämlich eine ganze Menge Wörter, in denen die Worte „Papa", „Papi" und „Vati" drinstecken, zum Beispiel in dem Begriff **Papi**erschere oder in **Vati**kanstadt!

Wenn du möchtest, dann kannst du dir das Rätsel hier abgucken und für deinen Papa abschreiben. Natürlich darfst du dann die Lösungsworte nicht nennen! Die sollen ja unsere Väter durch Nachdenken und Grübeln selbst herausfinden! Ach ja, noch was: Wenn die Papas das Rätsel richtig lösen, dann ergeben die genannten Buchstaben senkrecht gelesen den Glückwunsch „Alles Gute Papa"!

Das besondere Väter-Rätsel

1. Exotische Frucht

_ _ _ ☐ _ _
vierter Buchstabe

2. Papstkandidaten

_ _ _ _ _ _ ☐ _
siebter Buchstabe

3. Warze

_ _ _ _ ☐ _ _
fünfter Buchstabe

4. Exotischer Vogel

_ _ _ _ _ ☐ _
sechster Buchstabe

5. Geldnote

_ _ _ _ _ _-
☐ _ _ _ _ _
siebter Buchstabe

6. Vogelfänger „Zauberflöte"

_ _ _ _ ☐ _ _ _
fünfter Buchstabe

7. Nordischer Meeresvogel

_ _ _ _ _ _ _ _ _-
_ _ ☐ _ _ _ _
zwölfter Buchstabe

8. Residenz des Papstes

_ _ ☐ _ _ _ _
dritter Buchstabe

9. Haarwickler

_ _ _ _ _ _ _ _ ☐
neunter Buchstabe

10. Französischer Physiker

_ _ _ _ ☐
erster Buchstabe

11. Skandalreporter

_ _ _ _ _ ☐ _ _ _
sechster Buchstabe

12. französisch „Schmetterling"

_ _ ☐ _ _ _ _ _
dritter Buchstabe

13. Stadt des Papstes

_ _ _ _ _ _ _ _ _ ☐ _ _
zehnter Buchstabe

Auflösung auf Seite 113

Gereimtes für Papafeste

von *Karin Schäufler*

Wie? Reimen und Dichten ist nicht dein Ding? Macht nichts! Hier gibt's eine kleine Auswahl an lieben und witzigen Sprüchen für Väter:

Heute sag' ich's laut und **richtig:**
Du bist für mich ganz irre **wichtig!**

Du bist einer der Aller**größten**
und supergut im Kinder**trösten!**

Du lachst so schön und kannst
toll **toben,**
heut' will ich dich dafür hier
loben!

Heute ist dein großer **Tag,**
an dem ich dich noch doller **mag!**
Du schnarchst im Schlaf so bärig
laut,
dass es sogar 'nem Räuber **graut!**

Du kannst dich schnell mit mir
vertragen,
drum werd' ich dich noch öfter
plagen!

Du bist mir nah, manchmal auch
fern,
trotzdem hab' ich dich immer
gern!

Du hast dein Herz am rechten
Fleck,
drum wünsch' ich mir dich nie-
mals **weg!**

Mein Papa...

Marlies Cyriaci, Windischholzhausen, 6 Jahre:
„Mein Papa und ich machen auch mal ohne Mama und Schwester mit mir Urlaub!"

Celine Krumrey, Köln, 9 Jahre:
„Mein Vater ist zwar ganz nett. Aber wenn ich Freundinnen zu Besuch habe, macht er öfter irgend so einen Quatsch, den ich nicht so gut finde und meine Freundinnen nur manchmal."

Johannes Reukauf, 8 Jahre:
„Mein Papa ist lieb. Er hilft mir. Er räumt gerne auf."

Anne Boss, Jena, 24 Jahre:
„Mein Papa hat mir seine kurzen Beine, seine dünnen blonden Haare und sein Wissen über Deutsch und Musik vererbt. Und die Liebe zu Wasser und Bergen. Vater, danke!"

Hanna Stelzner, Großschwabhausen, 8 Jahre:
„Mein Papa spielt jeden Abend mit mir Schach. Meistens gewinne ich."

Maximilian Wess, 5 Jahre, Hinternah:
„Mein Papa ist der Beste, weil er alles macht, was die Mutti nicht macht!"

Lisa Vetter, 15 Jahre, aus Friedland:

„Mein Papa und ich können leider kaum Zeit miteinander verbringen, da er die ganze Woche über in Hamburg arbeiten muss und das schon, seit ich denken kann! Papa fehlt mir sehr oft, da er und Mama das Wichtigste in meinem Leben sind! Ich meine, es gibt Dinge, die man mit der Mutter bespricht, aber halt auch Dinge, die man eher mit einem Vater bespricht, naja und diese Möglichkeit besteht halt nur am Wochenende!

Mein Papa ist für mich etwas ganz Besonderes genauso wie meine Mama! Mir fällt es nur sehr schwer, es meinen Eltern zu zeigen, wie sehr ich sie liebe! Ich möchte es ihnen gerne beweisen (besonders meinem Papa, weil ich ihm gegenüber öfters ziemlich gemein bin), deshalb schreibe ich euch! Papa ist ein Familienmensch durch und durch. Er freut sich, jede freie Minute mit uns verbringen zu können! Immer wenn er Sonntagnacht losfährt zur Arbeit, bin ich sehr traurig, manchmal liege ich dann im Bett und fange einfach an zu weinen. Weil es mir dann so leid tut, dass ich vorher so gemein zu ihm war, weil ich ganz genau weiß, dass es Papa sehr traurig gemacht hat! Man soll seine Eltern doch schätzen und ihnen danken, dass sie einen großziehen und immer für einen da sind!!!

Außerdem muss man auch daran denken, dass die Eltern irgendwann nicht mehr da sind, und was macht man dann?! Mein Papa arbeitet als Gerüstbauer, das ist immer mit einer Gefahr verbunden!!! Ein Spruch für meinen Papa:

Lieber Papa und wenn
uns tausend Meilen trennen,
bin ich froh,
dass wir uns kennen!
Denn du gehörst
zu den Menschen,
die man nie vergisst,
weil du etwas ganz Besonderes bist!“

Jonathan Epp, München, 9 Jahre:

„Kinder sorgen sich ja auch um ihre Väter. Oft, wenn ich in der Schule sitze, denke ich an den Papa und frage mich, ob es ihm wohl gut geht. Als ich noch im Kindergarten war, ist von einem Mädchen der Vater gestorben, und da habe ich geträumt, dass der Papa auch einen Unfall hat und ich daneben stehe und nichts machen kann. Und ich weiß noch, was für Sorgen ich mir gemacht habe, als mich der Papa einmal von der Schule abholen wollte und nicht kam.“

Das nicht eingehaltene Versprechen

Eine enttäuschende Erfahrung kann bei Kindern nachhaltig in Erinnerung bleiben. Nicht immer sind sich Väter und Mütter dessen bewusst. Urte Langer (41) aus Olching hat die folgende Erzählung verfasst, um eine Begebenheit zu verarbeiten, die sich vor 35 Jahren in ihrer Kindheit ereignet hat:

„Ich war damals ein kleines Mädchen von sechs Jahren. Ein fröhliches und aufgewecktes Persönchen, das ihrem Alter gemäß ganz auf den Vater fixiert war. Besonders an den Sonntagen, wenn mein Vater den Tag über zu Hause war, wollte ich ihn nur für mich haben. Er war der Typ Vater, den wir Kinder an einen Baum fesseln konnten, um dann wie die Indianer heulend um ihren Gefangenen herumzutanzen. Wenn er denn mal Zeit hatte...

Einmal war wieder so ein heiß ersehnter Sonntag. Ich freute mich bereits die ganze Woche auf diesen Tag. Doch dem schönen Frühlingswetter zum Trotz sollte sich dieser Sonntag zunächst als düster erweisen.

Die Familie saß beim Sonntagsfrühstück. Es gab Eier und Cornflakes, was etwas Besonderes war, denn dies gab es nur an Sonntagen. Der Unterhaltung meiner Eltern konnte ich entnehmen, dass mein Vater an diesem Tag zu einem Auftritt seines Männergesangvereins fahren würde. So ein Mist! Das bedeutete, dieser Sonntag würde ein langweiliger werden. Vielleicht sogar so einer von den öden Kaffee-und-Kuchen-Tagen bei Verwandten.

An meiner Flunsch, die ich zog, musste mein Vater wohl meine Gedanken gelesen haben, denn er fragte mich: 'Na, willst du mitkommen? Onkel Horst singt auch mit, dann wird Tante Dora auch da sein. Sie kann ein Auge auf dich haben.' Ich hörte nur das Wort 'mitkommen' und war Feuer und Flamme. Alle düsteren Gedanken waren wie weggeblasen. Klasse! Ich durfte meinen Vater zu einer Aufführung begleiten – ohne meine Mutter! Es war kaum zu glauben!

Das Strahlen auf meinem Gesicht kam zurück. 'Oh, toll!', rief ich. 'Wann geht es los?' Gleich nach dem Frühstück wollte mein Vater aufbrechen. Ich schlang meine letzten Cornflakes hinunter und lief in mein Zimmer, um mir meine Sonntagssachen anzuziehen. Mein Haar flocht meine Mutter mir mit besonderer Sorgfalt, da ich schließlich in die Hand meiner Tante gegeben werden würde. Und die sollte nicht denken, meine Mutter könne ihr Kind nicht anständig herrichten.

Als meine Mutter mir im Badezimmer den letzten Schliff gab, indem sie mir Marienkäferspangen in die geflochtenen Zöpfe band, hörte ich unten das Garagentor aufgehen. Meine Mutter gab mir nun die Anweisungen, wie ich mich zu benehmen hätte, da fuhr das Auto auch schon aus der Garage. Ich sollte nicht mit fremden Menschen mitgehen, immer schön bei Tante Dora bleiben, lieb sein und zusehen, dass der Vati gleich anschließend mit mir wieder nach Hause käme; nicht erst noch mit den Sangeskollegen in die nächste Wirtschaft einkehren!

Endlich konnte ich die Treppe hinuntersausen. Hastig riss ich die Tür auf und rannte durch den Vorgarten zur Auffahrt. Aber diese war leer. Alles, was ich noch sah, waren die Rücklichter des Autos meines Vaters, das ohne anzuhalten davon fuhr.

Da stand ich nun, als sei ich in frisch gegossenen Beton getreten. Fassungslos starrte ich dem fortfahrenden Wagen nach. Warum hat er nicht auf mich gewartet? Hatte ich denn getrödelt? War er böse deswegen? Wie konnte er ohne mich fortfahren? Es war doch abgemacht! Ich hatte mich doch so gefreut. Er hätte doch warten müssen! Er ist doch mein Freund!

Meine Mutter befreite mich aus meiner Versteinerung. Sie fragte: ‘Was machst du denn noch hier? Wolltest du nicht mehr mit Papa mit?’ Auf diese Frage schossen mir die Tränen in die Augen. Ich drehte mich zu ihr um und kuschelte mich in ihren Pullover. Sagen konnte ich nichts. Erklären, dass ich es nicht war, die den Vater versetzt hatte, sondern umgekehrt. Der Vater hatte das Mädchen bis in ihre kleine Seele verletzt. Es dauerte lange, bis mein Schluchzen verebbte. Meine Mutter streichelte mir geduldig über den Kopf und meine Wangen und versuchte mich zu trösten. Sie versprach mir Milchreis zu kochen und nachmittags könnten wir Karten spielen oder ins Kino gehen. ‘Bambi gibt’s!’, sagte ich und mein Tränenfluss war gestoppt. Nur das den ganzen Körper durchschüttelnde Schluchzen blieb noch eine Weile.

Und noch heute, nach mehr als 35 Jahren, wundert sich mein Vater sicherlich darüber, dass sich mittlerweile ein nachsichtiges Lächeln auf meinem Gesicht abzeichnet, wenn er mir etwas verspricht.“

Oliver Paul mit Tochter Hannah, 5 Jahre, aus Köln

Papa sein

Väter müssen Großes leisten. Sie müssen stark sein, aber doch sensibel; allwissend, aber nicht belehrend; zuverlässig, aber keine Maschine; präsent, aber nicht zu dominant…

Interessant, dass ausgerechnet dem Teil der Menschheit, der lange Zeit als der starke Fels in der Brandung galt, heute vor allem die Fähigkeit zur Gratwanderung abgefordert wird: ein hohes Maß an feiner Balance.

Doch wie schlägt sich nun der Mann als Vater in einem Leben, das einem kaum zu bewältigenden Drahtseilakt gleichkommt? Wie denkt, fühlt, was erlebt er? Hier kommen die Väter zu Wort…

aus Vätersicht

Zu Hause bei Steffen Seibert

Steffen Seibert, geb. 1960 in München, ist Fernsehjournalist und seit 2003 Moderator der ZDF-Nachrichtensendung „heute". Er ist verheiratet, hat eine 13-jährige Tochter und zwei Söhne im Alter von 10 und 4 Jahren. Steffen Seibert engagiert sich als Pate für die UNICEF, als Schirmherr des Bundesverbandes „Das frühgeborene Kind e.V.", setzt sich für Leseförderung und den kindgerechten Umgang mit Medien ein.

Sie haben drei Kinder, vom Teenager- bis zum Vorschulalter. Bleibt bei Ihren vielfältigen beruflichen und sozialen Engagements überhaupt genügend Zeit für die Familie?

„Mehr Zeit könnte es immer sein, aber ich glaube, zu kurz kommen weder die Kinder noch mein Bedürfnis, Vater zu sein. Was auf der Strecke bleibt – aber von mir auch kaum vermisst wird – ist das, was andere als ihre Hobbys pflegen, das einfach mal hierhin oder dorthin Reisen, alle Formen von 'Die kleine Auszeit gönne ich mir jetzt mal'. Auch nicht schade drum."

Wie „entschädigen" Sie die Kinder, wenn in stressreichen Wochen mal zu wenig Zeit für sie bleibt?

„Ich fürchte, damit müssen sie dann einfach leben. Aber sie wissen, auf solche Zeiten folgen auch wieder andere."

Was machen Sie in der knappen Freizeit am liebsten gemeinsam?

„Verreisen."

Im Rahmen der Initiative „Wir lesen vor – überall & jederzeit" gehen Sie mit Kinderbüchern in die Grundschulen. Lesen Sie auch zu Hause Ihrem Jüngsten regelmäßig vor? Welches Buch mag er momentan am liebsten?

„Wenn zwei- oder dreimal die Woche regelmäßig ist… Er liebt alle Bücher über Ritter und Piraten, da haben wir eine mittlere Bibliothek zusammen. Immer wieder schmuggele ich auch einen meiner Kinderbuchklassiker darunter, zuletzt das großartige 'Wo die wilden Kerle wohnen'."

Wie sieht für Sie ein kindgerechter Umgang mit Bildschirm-Medien aus?

„Wirklich kindgerecht wäre der komplette Verzicht darauf zugunsten von Spiel in der Natur, mit den Freunden und der eigenen Phantasie. Aber so ideal sind die Verhältnisse kaum noch irgendwo. Also Kompromiss: Fernsehen streng reduziert, Computer ebenso. Und wem das zu fundamentalistisch ist: Nach meiner Erfahrung brauchen

Kinder beides nicht wirklich, erst der Gruppendruck in den Schulen lässt den Wunsch dann sehr stark werden.“

Haben Sie Ihre Kinder schon mal mit zur Arbeit genommen?

„Klar, erst wollten sie unbedingt hin, dann waren sie äußerst unbeeindruckt von dem, was ich tue. Nur das Nachrichtenstudio fanden sie interessant, weil das wirklich nach Fernsehen aussieht, während so ein Vater, der Texte in den Computer haut, ja wirklich nichts Besonderes ist.“

Wie würden Ihre Kinder jeweils folgenden Satz beenden: „Mein Papa ist…“?

„Wahrscheinlich '… voll übertrieben streng'. Aber ich hoffe, sie würden es mit einem beginnenden Verständnis für diese Haltung sagen.“

Himmlische Musik

Frank Hertel, Neuötting, Vater einer 2-jährigenTochter, meint:

„Seit 26 Monaten wissen meine Frau und ich, wie intensiv das Leben sein kann: viel mehr Himmel – und ab und zu auch mehr Hölle, wenn Sie verstehen. Ich bin Hausmann. D.h.: ich bin zu Hause, weil ich schreibe. Seit der Geburt meiner Tochter arbeite ich viel mehr als vorher, obwohl ich sehr viel Zeit mit ihr verbringe. Für mich war sie kein Karrierehindernis, sondern ein Karriereförderniss, weil sie mich irgendwie erst richtig wach gemacht hat.

Man verliert nicht sein Ich, wenn man eine Familie hat, und man verliert nicht seine männliche Würde, wenn man Windeln wechselt und Wäsche einräumt. Man verliert auch keine Zeit für das Wesentliche im Leben. Im Gegenteil. Mit einem Kind verliert man gar nichts. Man gewinnt etwas. Ein Kind nämlich.“

Dr. Martin Heinrich, Vater von drei Kindern, aus Ludwigsburg:

„Ich bin Vater von drei Kindern und als Allgemeinarzt zeitlich unter der Woche sehr limitiert. Umso wichtiger, am Wochenende einen festen Termin zu haben für ein Vater-Kind-Event: Acht Jahre unterrichte ich meine Tochter und meinen Sohn im Klavierspiel. Wir erarbeiteten vierhändige Literatur, die mittlerweile ein hohes Niveau erreicht hat. Die Kinder wussten immer, dass der Samstag-Termin nicht ausfällt, allenfalls auf den Freitag oder den Sonntag verschoben wird. Auch in den Schulferien wurde musiziert. Als Vater erlebten sie mich tagtäglich, wie auch immer; als Musiklehrer bemühte ich mich noch viel mehr um die Bedürfnisse und das motivierende Dabeisein. Ein Hobby den Kindern zu vermitteln, an dem das eigene Herz hängt, braucht eine Regelmäßigkeit, die auf längere Sicht immer lohnt. Das sind dann die gemeinsamen Herzschläge, die familiäres Zusammenhalten ermöglichen können.“

Kriege ich jetzt einen Gips?

von Peter Kloeppel

Peter Kloeppel, geboren 1958 in Frankfurt am Main, ist verheiratet und hat eine 9-jährige Tochter. Er ist bekannt als Anchorman von „RTL aktuell" und verantwortet seit 2004 auch die RTL-Chefredaktion.

Nichts tut einem Vater so weh wie die Schmerzen des eigenen Kindes. Vor allem, wenn es sich nicht um Bauch-, Ohren- oder Halsschmerzen handelt, sondern um etwas Ernsteres. Eine schwere Insektenstich-Allergie zum Beispiel. Oder eine Platzwunde an der Stirn. Oder, wie meiner Tochter (9) es vor kurzem passiert ist, ein gebrochener Arm. Wir Väter sind da wahrscheinlich besonders sensibel, denn unser Beschützer-Instinkt fordert es ja quasi von uns ein, dass wir unsere Kinder vor derartigen Dingen bewahren – und gleichzeitig stellen wir fest, dass wir in den meisten Fällen eh' nichts tun können oder viel zu spät kommen …

Der Anruf meiner Frau mit der Warnung „Ich fahre jetzt ins Krankenhaus, Geena ist gerade vom Pferd gefallen, und der Arm wird immer dicker", ereilte mich um kurz nach 17 Uhr an einem Freitagabend. Keine gute Zeit, um sofort väterliche Hilfeleistungen zu erbringen, denn eine knappe Stunde später musste ich im Studio sitzen und die Nachrichten bei RTL moderieren. Der Klassiker also: Dem Kind ist etwas zugestoßen, und wer kann nichts tun? Der Vater. Zur Hilflosigkeit verdammt saß ich also bis kurz nach sieben auf meinem Nachrichten-Stuhl, sprang dann ins Auto und machte mich auf den Weg ins Krankenhaus.

Seit ich 1963 im Alter von fünf Jahren die Mandeln herausgenommen bekam, sind mir Krankenhäuser ein Graus. Damals versprach man mir lustige Spielkameraden, eine Operation ohne Schmerzen und danach eine Woche lang Eiscreme bis zum Abwinken. Von wegen. Ich bekam: ein Bett in einem überfüllten Zehn-Bett-Zimmer, in dem ständig mindestens ein Kind schrie, eine Gasnarkose, deren schrecklicher Geruch mich bis zum heutigen Tag verfolgt, und Cassata-Eis mit fiesen kleinen Stückchen drin – alles in allem: es war ein Desaster.

All das ging mir wieder durch den Kopf, als ich die Notaufnahme betrat und in einem Untersuchungszimmer auf meine Frau und Geena stieß. Das sonst so quirlige Kind saß blass und gekrümmt in einem Rollstuhl. Wenigstens waren die Tränen inzwischen getrocknet. Aber der Arm war tatsächlich gebrochen, das Röntgenbild zeigte einen glatten Bruch – das beruhigte zumindest den sehr freundlichen Arzt, der uns auch gleich zwei Therapiealternativen zur freien Auswahl anbot.

Ruhigstellen und 14 Tage mit einer festen Schlinge fixieren, oder: operieren. „Papa", fragte Geena, „wenn ich mich operieren lasse, hört es dann schneller auf weh zu tun? Und kann ich mich dann besser bewegen als mit so einer festen Armschlinge?" Ich wusste gar nicht, dass ich ein so pragmatisch denkendes Kind habe.

„Ja", meinte ich, „aber am ersten Tag danach ist es nicht sofort besser."

„Aber hier sind doch auch andere Kinder. Mit denen kann ich dann spielen, oder?"

„Klar, wenn der Arzt es erlaubt…" Der Arzt nickte vorsichtig.

„Und kriege ich einen Gips, auf den meine Freunde was draufschreiben können?"

Kopfschütteln beim Arzt: „Das leider nicht, nur einen Verband für ein paar Tage, und danach zwei Pflaster."

Das trübte die Stimmung zwar ein wenig, doch meine Tochter, die ich für ihre Tapferkeit inzwischen am liebsten gedrückt hätte – wäre da nicht der gebrochene Arm – hatte ihre Entscheidung inzwischen selber gefällt: „Dann machen wir das mit der Operation. Hauptsache ich kann bald wieder richtig rumlaufen. Ich bin nämlich ein sehr lebhaftes Kind", fügte sie noch hinzu, als hätten wir das noch nicht mitbekommen.

Inzwischen war es halb neun Uhr abends. Eine Frage hatte Geena aber noch: „Es ist ja jetzt schon spät. Ist der Arzt nicht zu müde, um mich zu operieren?"

Der Einzige, der darüber nicht lachen konnte, war der Mann im weißen Kittel.

„Nein, ich bin noch sehr wach, und länger als eine Stunde wird das Ganze auch nicht dauern. Außerdem habe ich mir noch einen zweiten Chirurgen zur Hilfe geholt, das kriegen wir zusammen schon hin", beruhigte er Kind und Eltern.

Eine halbe Stunde später rollte unsere Tochter in den OP, ein schmales blasses Bündel mit ihrem Lieblingsstoffhund im Arm. Wir hätten heulen können, aber müssen Eltern, und vor allem Väter, nicht gerade in solchen Momenten der Leuchtturm von Optimismus sein? Der Ritter der Zuversicht? Wenn es doch nur so einfach wäre. Wieder eine Stunde später kam Geena im Tiefschlaf aus dem OP. Noch blasser, noch verletzlicher, noch schutzbedürftiger. Der linke Arm von den Fingern bis zur Schulter in einem weißen Verband. Am Fußende des Bettes saß der Stoffhund, die Narkose-Schwestern hatten ihm eine Operationshaube und eine Maske aufgesetzt und den linken Vorderfuß bandagiert.

Irgendwann machte unser Kind die Augen auf, suchte uns mit ihren Blicken. Auch wenn ich nicht wirklich etwas tun konnte – wenigstens hatte ich das Gefühl: Diesmal war ich in der Nähe, als es wichtig war. Vielleicht hat das auch meiner Tochter geholfen. Meinen Schmerz hat es auf jeden Fall gelindert.

Schrei, wenn du kannst!*

von Kester Schlenz

Schon nach ein paar Wochen wurde mir eines klar. Die Möglichkeiten für einen Säugling zu kommunizieren sind begrenzt. Deshalb ist es sehr wichtig für jedes Baby, dass es möglichst schnell die unterschiedlichen Schrei-Arten lernt, um situativ reagieren zu können oder einfach nur Abwechslung in die Grölerei zu bringen. Als da wären:

1. Das Modell „Sirene“
Lang anhaltendes, helles, lautes Heulen, kurz unterhalb der Ultraschall-Frequenz. Gut einsetzbar bei nächtlichem Alleinsein oder starkem Hungergefühl.

2. Das Modell „Vesuv“
Eruptives, für die Eltern völlig überraschendes, explosionsartiges Losbrüllen. Gut geeignet, wenn einem zu viele Besucher auf den Senkel gehen oder man einfach Aufmerksamkeit möchte.

3. Das Modell „Geiselhaft“
Leises, unterdrücktes Wimmern, knapp oberhalb der elterlichen Hörgrenze. Wenn sie dann endlich wach geworden sind, eilen sie entfesselt herbei und haben ein tierisch schlechtes Gewissen, weil sie denken, man habe schon die halbe Nacht wie ein Gefangener in der Einzelzelle vor sich hingejammert.

4. Das Modell „trauriger Clown“
Für Fortgeschrittene. Schwierig, aber stets wirkungsvoll. Der Witz ist hier, vom giggernden Lachen übergangslos wie auf Knopfdruck in ein jämmerliches Geheul umzuschalten. Sorgt immer für völlige Fassungslosigkeit bei den Erwachsenen. Stets wird ein Schuldiger gesucht, weil Baby doch eben noch „so gut drauf war“. Eine gute Waffe, um große Geschwister zu diskreditieren.

5. Das Modell „Bambi“
Das ist die hohe Schule. Man guckt ganz süß, zieht unversehens die Mundwinkel nach unten, drückt ein paar Tränen raus und holt stoßweise Luft durch die Nase ein. Das macht sie alle fertig!

Alexander Laue, Vater von 2 Kindern, aus Bückeburg:
„Seit nunmehr 4 Jahren bin ich Vater. Vor dieser Zeit war die Vorstellung, einmal die Verantwortung für jemanden zu übernehmen, nicht mit meinem Leben vereinbar. Wer kann schon vorher wissen, ob er dem noch Unbekannten gewachsen ist. Ich sah mich mit Augenringen, so groß wie Treckerreifen, weil ganz sicher mein Kind die ganze Nacht fit sein würde. Ein Kind zu haben bedeutet für mich auch eine Sensibilisierung der Sinne. Nach außen ein Mann, mit all seinen Fähigkeiten zur Rationalität, Logik und Geschwindigkeit, aber mit einem Kind an meiner Seite habe ich gelernt, langsam zu leben und Details zu beachten.“

Gemeinsam sind wir wach*

von Kester Schlenz

Ich war fast zwei Monate alt. Allein einzuschlafen war einfach nicht mein Ding. Einer meiner Erzeuger musste stets an meinem Bettchen hocken und irgendwas abziehen: singen, brummen, schaukeln, quasseln. Egal, Hauptsache Entertainment. Erst dann wurde ich irgendwann müde und ratzte weg. Aber das dauerte jedes Mal – ich kann Ihnen sagen. Die Prozedur ging meinen Eltern manchmal mächtig auf die Nerven! Oft foppte ich meinen Alten mit meiner beliebten „Fernbedienungs"-Methode. Und die ging so: Nachdem mein Papi etwa zehn Stunden neben meinem Bettchen gesessen und gesungen hatte, machte ich aus Jux die Augen zu und tat, als ob ich schliefe. Daddy richtete sich dann mit knackenden Knochen auf und entfernte sich zentimeterweise in Richtung Tür, um mich bloß nicht zu wecken. Aber ich wusste – die hölzernen Treppenstufen knarrten beim Drauftreten. Es war alles nur eine Frage der Zeit. Ich konnte warten. Ich war ja noch jung. Und tatsächlich. Nach etwa einer halben Minute machte es kurz „knarz", und ich legte voll los mit der Brüllerei. Daddy kam postwendend zurückgeeilt, als ob ich eine Fernbedienung mit „Papi-Rückrufknopf" hätte.

Echt lustig, das. Irgendwann kauften sich meine Eltern aber dieses faschistoide Buch „Jedes Kind kann

Kester Schlenz 1996 mit seinen damals 5- und 2-jährigen Söhnen Henri und Hannes

schlafen lernen" und ließen mich schon nach ein, zwei Rückholaktionen einfach brüllen. „Wir müssen konsequent sein", raunten sie sich gegenseitig zu. „Wir haben ihm doch toll vorgesungen und ihn geknuddelt. Jetzt muss laut Buch Schluss sein." Ich war vielleicht sauer. Aus meiner Sicht würde ich das Schund-Literatur nennen. Voll babyfeindlich, das. Wieder ein Spaß weniger. Aber irgendwann war mir die Schreierei zu anstrengend, und ich hielt die Schnauze. Wenn ich groß bin, nehme ich mir den Autor vor.

Kester Schlenz, Jahrgang 1958, leitet das Ressort Kultur & Unterhaltung beim STERN und arbeitet als freier Autor. Seine Bücher „Bekenntnisse eines Säuglings", „Mensch, Papa!", „Bleib locker, Papa!", „Gute Nacht, Papa!" und „Halt durch, Papa!" sind im Mosaik-Verlag erschienen. Weitere Informationen unter:

www.kester-schlenz.de.

*aus: Kester Schlenz, „Bekenntnisse eines Säuglings", 2006.

Autofahrt im Hier und Jetzt

von Jörg Pilawa

Der bekannte Fernsehmoderator wurde am 7. September 1965 in Hamburg geboren. Nach dem Abitur studierte er Medizin und Geschichte. Ein Jahr arbeitete er in einem Kibbuz in Israel. Schon während des Studiums begann er für den Hörfunk und für das Fernsehen zu arbeiten. Jörg Pilawa lebt mit seiner Frau Irina in Hamburg und hat zwei Söhne (8 und 2 Jahre alt) und eine 5-jährige Tochter.

Männer können immer nur eine Sache zur gleichen Zeit! Diesen „Was-Frauen-über-Männer-denken-Spruch" kennen Sie ja bestimmt auch. Mal ehrlich, vielleicht ist ja auch was dran: Immer dann zum Beispiel, wenn wir Männer nicht unseren ureigenen Lebensbestimmungen im Beruf, beim Jagen oder beim Grillen nachgehen können.

Also habe ich als Vater etwas dazulernen müssen. Meine Kinder haben mir dabei am meisten geholfen. Von ihnen habe ich das probate Mittel zu ihrer eigenen Erziehung und einem multiplen Vaterdasein vermittelt bekommen: Agiere nur im Hier und Jetzt. Das ist die Botschaft der Kinder an die Väter der Welt!

Ich versuche Ihnen zur Erläuterung ein Alltagsbeispiel zu geben. Der Ausflug in Papas Auto. Sie werden einwenden, dass Autofahren in unseren Breitengraden wirklich nichts Außergewöhnliches ist. Ich dagegen behaupte: Nur dann ist das so, wenn die Straßen eisfrei sind, das Auto über funktionierende Bremsen verfügt – und nicht mehr als ein Kind im Innenraum transportiert werden soll.

In meinem Auto sitzen drei! Juri (2 Jahre) und Finn (8 Jahre) warten mit mir vor dem Auto auf Schwester Emmy (5 Jahre), die gerade das Hier und Jetzt auslebt. Und jetzt ist ihre Barbie kaputt. Die kleine Verzögerung bis zum Start und bis zum nächsten Beispiel von „Leben in der Gegenwart" ist verkraftbar. Ruhe bewahren.

Drei Plätze für drei Kinder sind auf der Rückbank zu vergeben. Aber alle wollen in die Mitte, weil man dort den freien Blick nach vorne genießen kann. Und alle drei sind sich absolut sicher, bei der letzten Fahrt am Fenster gesessen zu haben. Aber Papa hat gelernt. Da nur zählt, was jetzt ist, entscheide ich, dass alles bleibt wie es ist. Und da der Kleinste sich irgendwie in die Mitte durchgewuselt hat, grinst er mich jetzt zufrieden an. Beim nächsten Mal mache ich eine Strichliste. Garantiert.

Die Möglichkeit, den Ton von Radio und Abspielgeräten vollständig in den Heck- bzw. Kinderbereich eines Autos lenken zu können, ist eine der größten Erfindungen der Jetzt-Zeit. Ich mache gerne Gebrauch davon. Aber wer darf welche Musik hören? Jetzt nur keine Basisdemokratie! Sie werden mir Recht geben: Zwischen Juris Benjamin Blümchen mit „Töröööh, ich bin froh weil die Sonne so schön rumsonnt, Töröööh" und Finns Jungs von Tokio-Hotel mit „Meine Augen schau'n mich müde an – ich bin nicht ich" klafft eine relativ große intellektuelle Lücke. Der Mittelweg ist in diesem Fall erst einmal die richtige Entscheidung. Meine Tochter Emmy bekommt eindeutig den Zuschlag und darf mit den anderen Bibi Blocksberg hören. Und ich drehe den Ton nach hinten. Eine zauberhafte Autofahrt.

Ich muss gestehen, dass ich dann doch noch kurz die Gegenwart missachtet habe, als ich drei Kinder fragte, wer denn ein rotes Gummibärchen wolle, obwohl es das Letzte dieser Farbe in der Tüte war. Und vielleicht wäre eine Mutter auch nicht kurz danach an die Tankstelle gefahren, um deswegen ein ganz neues Gummibärchen-Päckchen zu kaufen. Aber weil Männer manchmal nur eine Sache zur gleichen Zeit können, haben wir eine Fahrpause gemacht, um gemeinsam die Tüte zu vertilgen. Ich bin meinen Kindern so dankbar für die Entdeckung des Hier und Jetzt!

Auflösung von Seite 99
„Das besondere Vater-Rätsel"

1. **Exotische Frucht**
   = PAPAYA
2. **Papstkandidaten**
   = PAPABILI
3. **Warze**
   = PAPILLE
4. **Exotischer Vogel**
   = PAPAGEI
5. **Geldnote**
   = PAPIERSCHEIN
6. **Vogelfänger „Zauberflöte"**
   = PAPAGENO
7. **Nordischer Meeresvogel**
   = PAPAGEIENTAUCHER
8. **Residenz des Papstes**
   = VATIKAN
9. **Haarwickler**
   = PAPILLOTE
10. **Französischer Physiker**
    = PAPIN
11. **Skandalreporter**
    = PAPARAZZO
12. **französisch „Schmetterling"**
    = PAPILLON
13. **Stadt des Papstes**
    = VATIKANSTADT

ALLES GUTE PAPA!

Mami soll das machen...!

von Marc Terenzi

Der amerikanische Rocksänger Marc Terenzi wurde am 27. Juni 1978 in Newton/Welsley (Massachusetts) geboren. Seit Februar 2004 ist er mit der deutschen Sängerin Sarah Connor verheiratet. Der gemeinsame Sohn Tyler, geboren 2004, ist nach Terenzis Idol Aerosmith-Sänger Steven Tyler benannt. Im Juni 2006 kam Tochter Summer Antonia Soraya zur Welt.

An meinem ersten Tag als Vater fühlte ich mich, wie sich wohl alle Väter fühlen: unsicher. Glücklicherweise konnte ich die ersten Monate seines jungen Lebens gemeinsam mit meinem Sohn verbringen. Ich nahm Auszeit und blieb zu Hause mit dem schrecklichen Gefühl, nicht das Mindeste über das Vatersein zu wissen. Aber mit einem Baby allein zu Hause zu sein, ist wirklich die beste Schule.

Sarah ist eine tolle Mutter. Sie ließ uns beiden so viel Liebe, Fürsorge und Verständnis zuteil werden, wie man es sich nur wünschen kann. So war es für mich viel leichter, einfach nur ... Vater zu sein. Ich kann nur sagen: Wenn du als frisch gebackener Vater die Möglichkeit hast, im Job kürzer zu treten – tu's! Nie wieder hast du sonst die Chance, all das zu erleben, was ich erlebt habe: seine ersten Schritte, seine ersten Worte, ihm zum ersten Mal etwas vorzusingen.

Ich bin ein wahnsinnig glücklicher Vater. Selbst an einem stressigen Tag mit Kind, wenn es dann abends in seinem Bett ins Land der Träume schwebt, kann man sich rückblickend sagen: „Er schläft jetzt so friedlich in seinem Bettchen, weil wir uns um ihn kümmern." Ich erinnere mich an viele Momente, wenn Tyler mich an einem harten Tag zum Lachen gebracht hat oder ich wegen etwas, das er sagte, unwillkürlich grinsen musste. Kinder sind schlau... sie kriegen eine ganze Menge mehr mit, als man glaubt.

Einmal gab es Krisenstimmung zwischen Tyler und mir, weil er ständig kam mit „Ich will, dass Mami das macht" und „Nein, lass Mami das machen!". Für mich war nicht einzusehen, warum Mama alles machen sollte. Was hatte sie, was ich nicht hatte?? Warum wollte er mich das nicht machen lassen? Mache ich es vielleicht nicht gut genug? Ich nahm es wirklich persönlich.

Am Abend saßen wir alle bei meinem Schwiegervater Michael um den Pool. Die Sonne war untergegangen, die Familie sprang herum und spielte, wie sie es immer tat. Die Luft war von Leben erfüllt und man konnte es meilenweit spüren. Ich saß für mich allein und grübelte vor mich hin, warum mein Sohn heute immer nur nach seiner Mutter verlangt hatte.

Ich war schweigsam, und was geschah? Tyler bemerkte es und tat etwas, das er noch nie zuvor getan hatte. Er kam zu mir, verließ die spielenden Kinder und sagte: „Daddy… ich hab dich lieb.“ Und er küsste mich sanft auf die Wange. Dann grinste er von einem Ohr zum anderen, so weit er nur konnte, und wartete darauf, dass ich zurückgrinste.

Da wurde mir etwas ganz Fantastisches klar. Selbst nach diesem schwierigen Tag mit meinem Sohn ließ er sein Spielzeug links liegen und alles, was ein quirliges kleines Kerlchen sonst so interessiert, und setzte mich auf seiner kindlichen Prioritätenskala ganz nach oben. Es ist schon komisch, denn Kinder brauchen ihre Väter genauso, wie sie ihre Mutter brauchen, auch wenn sie es nicht immer zeigen. Die Situation an diesem Tag: Alles hatte ich für Tyler getan, hätte ihm selbst die Sterne vom Himmel geholt – aber als ich es selbst am meisten brauchte … da holte Tyler sie für mich.

Tomas Opitz, Dietzenbach, lebt seit acht Jahren von seinem Sohn getrennt:

„Vater sein bedeutet für mich, am Morgen in die Firma zu fahren und unterwegs die Schulkinder zu sehen, und dann denke ich an dich. Stelle mir dann vor, wie du auch gerade in die Schule gehst, wie du aussehen wirst mit deinem Schulranzen… und dabei fällt mir ein, dass ich dich eigentlich noch nie mit Schulranzen gesehen habe, außer bei deiner Einschulung.

Vater sein bedeutet auch, dass ich jeden Tag in der Firma meinen Job vernünftig mache, denn damit finanziere ich ja dein und mein Leben und unsere gemeinsame Zeit. Seit du 550 Kilometer von mir entfernt wohnst, fahre ich jedes Jahr etwa 30.000 Kilometer, um mit dir zusammen zu sein. 600 Stunden Autobahn, egal ob bei Schnee oder Regen, gefährliche Situationen auf nächtlichen Straßen, Nächte, in denen ich erst gegen 2 Uhr nach Hause kam, um vier Stunden später schon wieder im Büro zu sein.

Vater sein bedeutet auch, dass wir uns durch einen kalten, stürmischen ‘November Sonntag Morgen’ kämpfen, du meine Hand hältst und ich trotzdem denke, was tue ich mir hier an. Dann spüre ich deinen Blick von der Seite und du sagst „Papa, ich hab dich lieb“. Dann sitzen wir um 12 Uhr in einem menschenleeren Kino und warten auf Pokémon Teil 5, mit uns noch drei 9-Jährige, die wohl die Eltern am Ausschlafen gehindert hätten. Ich spüre deinen prüfenden Blick, ob ich auch ja nicht einschlafe…“

Wie ich es sehe: – zwei Blickwinkel

von Pierre und Julia Franckh

Pierre

Wenn man Vater wird, erkennt man plötzlich, dass es zwei Arten von Menschen gibt. Eltern und Nichteltern. Bis man selbst zu so einem Elternteil geworden ist, fällt einem das gar nicht so auf, aber mit der Geburt des eigenen Kindes verändert sich schlagartig alles. Nein, eigentlich müsste ich sagen, mit dem ersten wissenden Lächeln meiner Frau war bereits alles anders.

Schwangerschaftstests, Vorsorgeuntersuchungen, der erste Tritt, Hoffnungen und die Aufregung bis zur Geburt. Alles andere verschwand völlig in den Hintergrund, so als wäre es nur aufgeblähter Nonsens gewesen. Michaela und ich wuchsen noch näher zusammen, wir wurden eine Familie.

Die ersten schlaflosen Nächte begannen, das Windelwechseln, die Dreimonatsblähungen, die Besuche beim Kinderarzt, das Erwärmen von Fläschchen um drei in der Nacht, das Warten auf das erlösende Bäuerchen. Es gab Zeiten, da war nichts wichtiger als ein gesunder Stuhlgang. Die Welt bestand aus Kitzeln, Lachen, Weinen, Beruhigen, Vorlesen und Vor-Erschöpfung-im-Büro-Einschlafen.

Andere Väter wissen darum und haben dafür höchstes Verständnis. Nichteltern verstehen das ganze Gedöns nicht. Ich kenne nun beide Seiten. Und um nichts auf der Welt würde ich jemals wieder tauschen. Auch heute besteht mein Leben aus Wecken, Pausenbrote schmieren, Kinderpartys organisieren, Elternsprechtage besuchen und den erfolglosen Versuchen, Julia abends ins Bett zu bekommen.

Für einen Außenstehenden klingt das alles wahrscheinlich wie ein Höllenszenarium. Für mich ist es das Paradies. Ich bin glücklich. Ich bin endlich richtig glücklich in meinem Leben.

Julia war der größte Lehrmeister in meinem Leben. Alles, was mich heute ausmacht, habe ich durch sie gelernt. Geduld, Demut, Verantwortungsbewusstsein und vor allem bedingungslose Liebe. Ich bin durch meine Tochter ein anderer Mensch geworden.

Durch Julia habe ich wieder den Spaß am Leben entdeckt. Kinder haben Spaß ohne Ende. Aus allem machen sie ein Spiel. Auch aus den ernsten Dingen des Lebens. Und plötzlich geht das Ernste spielend leicht. Diese Sichtweise habe ich von Julia gelernt. Nein, ich habe Julia nicht verbogen, sie hat mich zurechtgebogen.

In vielen Dingen bin ich wieder wie ein Kind. Voller Freude, voller Neugier, voller Entdeckerlust. Alles macht wieder Spaß. Fahrradfahren, Rollerbladen, kochen, Wäsche waschen. Das Lachen eines Kindes wirkt ansteckend. Julia hat mich mit ihrem Lachen so angesteckt, dass ich die Freude des Lebens wiederentdeckt habe.

Der folgende Beitrag gehört eigentlich zu Papa aus Kindersicht. Aber wir möchten Vater und Tochter nicht auseinanderreißen und drücken ein Auge zu …

Die Redaktion

Julia

Mein Vater ist ein Promi. Das heißt, ganz viele Menschen wollen etwas von ihm. Auf der Straße wird er immer angelächelt, und wenn wir einkaufen gehen, wird er sehr oft angesprochen. Zu Hause aber habe ich einen ganz normalen Papa. So normal wie ein Papa halt sein kann. Aber eine Sache mag ich ganz besonders an ihm. Er hat Zeit. Jedenfalls schaufelt er die für mich fast immer frei.

Dann sitzen wir und reden und denken und ich erfahre ganz viel von ihm. Das Beste aber ist, er erfährt auch ganz viel von mir. Weil er sich Zeit lässt und wirklich etwas von mir erfahren will. Dadurch, dass wir schon so viel Zeit miteinander verbracht haben, kann er gut nachvollziehen, wie ich mich fühle. Unter anderem auch, dass ich manchmal das Gefühl habe, in einem viel zu kleinen Körper zu stecken. Papa lacht dann, weil er in einem viel zu großen Körper steckt. Weil er so gerne abnehmen möchte.

Wenn man mich fragen würde, was das Tollste ist, was mein Vater mir schenkt, dann ist das kein Spielzeug oder Dinge für den Computer, sondern es ist seine Zeit und seine Liebe. Und das ist etwas, was leider ganz selten geworden ist. Denn die meisten haben das nicht. Einen Vater, der sich Zeit für sie nimmt. Natürlich kann man nicht den ganzen Tag zusammen verbringen, das wäre nach einer Weile auch etwas lästig. Ein, zwei Stunden reichen manchmal völlig.

Aber was gar nicht funktioniert, ist auf Zwang miteinander reden. So nach dem Motto: Wir setzen uns von vier bis fünf hin und reden. Das macht dann einfach keinen Spaß!

Miteinander reden muss also erst entstehen. Und dafür brauchen wir Zeit. Aber Zeit scheint etwas zu sein, was niemand mehr zur Verfügung hat. Wir schon. Und das macht uns in unserer Familie so glücklich.

Über die Autoren

Pierre Franckh, geb. 1953 in Heilbronn, ist einem Millionenpublikum als Schauspieler bekannt. Seit 1996 widmet er sich ausschließlich seiner Autorentätigkeit. Pierre Franckh ist verheiratet mit der Schauspielerin Michaela Merten und lebt in München. Gemeinsam mit seiner Tochter Julia hat er den Buchratgeber „Papa erklär mir die Welt – ich erklär dir meine" verfasst. Die 13-Jährige schreibt in einer Kolumne für „Bravo Girl" über Sorgen, Nöte und Sehnsüchte von Jugendlichen ihres Alters.

Tillmann Bär mit Sohn Lennart-Tillmann, 2 1/2 Jahre, aus Siegen

Für Papa: Tipps,

Die Vorbereitungen liefen generalstabsmäßig: Das Kinderzimmer war pünktlich fertig. Der Koffer war gepackt. Die werdenden Großeltern riefen stündlich an.

Immer wieder wurde durchgespielt, wie man als Vater sein würde, was man dem Kind wohl – außer der Nase und der Naturkrause – mitgeben würde.

Und dann, eigentlich viel zu schnell, ist das kleine Bündel Glück zu Hause und schon gehen die Fragen los: Habe ich wirklich an alles gedacht? Was wäre, wenn …? Aber keine Sorge, es gibt einige Anlaufstellen, die um diese Nöte wissen und „Erste Hilfe" leisten …

Links und mehr

Ein großes Wort: Verantwortung

„Reif" für Kinder?!

Vater zu sein bedeutet, Verantwortung zu tragen. Menschenkinder aufzuziehen, ist wirklich kein „Kinderspiel". Sie kommen völlig hilflos auf die Welt und brauchen Betreuung, später Anleitung, Ermahnung, Ermutigung und Vorbild. Schon immer haben die Menschen um die große Herausforderung gewusst, die ihnen mit der Erziehung von Kindern gestellt ist.

Der Nachwuchs der intelligentesten Spezies auf diesem Planeten braucht die intensivste Betreuung über einen sehr langen Zeitraum hinweg. Dieser Aufgabe haben sich die Menschen schon vor Urzeiten in Gemeinschaft gestellt. Das sollte uns auch heute ermutigen, Großeltern und andere Verwandte hin und wieder um Mithilfe zu bitten oder nach geeigneten anderen Formen der gemeinsamen Betreuung von Kindern zu suchen.

Auf der anderen Seite steht ein Gewinn, der sich nur schwer in Worte fassen lässt. Viele Väter beschreiben ihre Verfassung nach der Geburt eines Kindes als tiefes, nie gekanntes Glücksgefühl. Damit dieses Gefühl nicht verloren geht, ist ein enger Kontakt zum Kind von Anfang an wichtig. Das erste Lächeln, das erste „Papa", die ersten freudigen Schritte in Richtung Papa – dafür lohnen sich einige Anstrengungen.

In der aufgeregten Diskussion um den Kindermangel in Deutschland wird den Männern oft vorgeworfen, sie wollten sich nicht mehr binden und zögerten die Familiengründung hinaus. Tatsächlich fühlen sich viele Männer – auch wenn sie schon lange erwachsen sind – noch nicht reif für Kinder.

Und es stimmt schon: Zur väterlichen Liebe und den Glücksgefühlen kommt – da hilft kein Schönreden – das Gefühl einer großen Verantwortung hinzu. Das Kind kann zum Beispiel krank werden. Dann ist richtiges Handeln gefragt. Besonders bei Babys und Kleinkindern können Krankheitssymptome für unerfahrene Eltern sehr bedrohlich aussehen. Manchmal sind sie es sogar. Viele Eltern spüren deutlich: „Dieses kleine Wesen ist in seinem Wohl und Wehe von mir abhängig! Dabei weiß ich doch selbst gar nicht, was richtig ist!" Leider hilft gegen dieses Gefühl auch ein höheres Alter nicht. Im Gegenteil scheinen gerade jüngere Eltern leichter damit klar zu kommen.

Gemeinsam – nicht einsam

Eltern früherer Generationen brauchten sich mit ihrer Verantwortung nicht so allein zu fühlen. Es gab kein Wohnen in abgeschlossenen Häusern oder Mietwohnungen. Die Türen zu den Nachbarn, zu Verwandten und Freunden standen immer offen. Wenn das Kind plötzlich krank wurde, waren sofort viele andere Bezugspersonen zur Stelle: Großeltern, Tanten, Onkel oder Nachbarn konnten aus eigener Erfahrung berichten, Tipps geben, beruhigen.

Natürlich waren die medizinischen Möglichkeiten begrenzt – und so mussten die Mitmenschen auch häufig genug Trost spenden. Was wir als Anregung für unser heutiges Leben mitnehmen können, ist wieder nur die Tatsache, dass wir als Eltern gut daran tun, uns um soziale Beziehungen zu kümmern, mit Nachbarn Kontakt zu pflegen und die Hilfe der Verwandten nicht zu verschmähen. Wir sollten zulassen, dass auch Großeltern, Tanten, Onkel, ältere Cousinen und Geschwister viel Umgang mit dem Kind haben. Egal, ob Oma zu viel Schokolade austeilt oder nicht. Mehrere Bezugspersonen sind nur von Vorteil für das Kind – und entlasten die Eltern in Härtefällen. Auf viele Schultern verteilt, trägt sich Verantwortung leichter.

Wenn Sie Ihr Kind teilweise oder ganz allein betreuen, dann suchen Sie andere Väter oder Mütter, mit denen Sie gemeinsam Ausflüge unternehmen. Das macht erstens mehr Spaß und ist außerdem weniger anstrengend. Mit Schulkindern werden manche Dinge einfacher. Aber das deutsche Schulsystem setzt leider ein ständiges Engagement der Eltern voraus. Viele Lehrer fordern die Kontrolle der Hausaufgaben oder Unterstützung beim Lernen regelrecht ein. Suchen Sie auch hierbei Entlastung. Warum sollten nicht immer zwei Kinder aus einer Klasse gemeinsam Hausaufgaben machen – mal in der einen Familie, mal in der anderen.

Die Verantwortung bleibt – auch nach einer Trennung

Für unsere Kinder bleiben wir immer der Vater. Streit um Geld steht oft der so wichtigen Beziehung zum Kind im Weg. Trägheit oder Resignation führen später dazu, dass viele Beziehungen einschlafen. Für Kinder ist ein nachlässiges Verhalten des Vaters unglaublich schmerzhaft. Ein vergessener Geburtstag oder gebrochene Versprechen hinterlassen viel tiefere Narben in der Seele eines Kindes, als wir es wahrhaben wollen. Leider beziehen Kinder solche Dinge auf sich selbst, zweifeln an sich, fühlen sich ungeliebt. Da der Vater in ihrer Vorstellung Recht hat, ziehen manche Kinder sogar den Schluss, tatsächlich nicht liebenswert zu sein. Das sollten wir ihnen ersparen.

Alte Rollenmuster sind zäh

Die meisten Frauen sind heute gut ausgebildet. Viele Mütter gehen ganz oder zeitweise arbeiten, sobald die Kinder alt genug dazu sind oder eine geeignete Betreuungsmöglichkeit gefunden ist. Dennoch tragen immer noch die Väter in den meisten Familien die Hauptlast der finanziellen Versorgung. Und das, obwohl Umfragen zeigen, dass junge Eltern vorher von einem ganz anderen Familienmodell geträumt hatten. Während nach wie vor überwiegend Frauen auf ihre berufliche Karriere verzichten, um sich der Kinderbetreuung zu widmen, bleibt die Geburt eines Kindes auch für die berufliche Laufbahn der Väter nicht folgenlos.

So leiden viele Väter darunter, dass sie ein unbefriedigendes Arbeitsverhältnis nach der Ankunft eines Kindes nicht mehr einfach beenden können. Berufswechsel und risikoträchtige Neuanfänge sind nicht mehr ohne weiteres möglich. Das Wohl mehrerer Menschen hängt von ihrem sicheren Einkommen ab. Das ist in der Tat eine Belastung, die wenig diskutiert wird. Dabei wäre es für viele Väter sicher hilfreich, sich mit anderen auszutauschen. Denn sie stehen nicht allein mit ihrem Problem. Und: Gute Vorsorge schafft Entlastung und gibt ein Gefühl von Sicherheit.

Die Last verteilen

Dr. Jan Vaterrodt, Abteilungsleiter bei der AachenMünchener, ist selbst Familienvater. Er erklärt im Interview, wie er die Sorge um die finanzielle Absicherung seiner Kinder gelöst hat.

Redaktion: Herr Dr. Vaterrodt, Sie sind 40 Jahre alt und haben zwei Kinder. Das ist eine große Verantwortung.

Jan Vaterrodt: Die Verantwortung ist zum Glück nur die eine Seite. Die schönen Momente überwiegen bei weitem. Aber natürlich fühle ich mich auch für das finanzielle Wohl der Kinder verantwortlich.

Redaktion: So wie Ihnen geht es sicher auch sehr vielen anderen Vätern. Sie arbeiten ja bei einer großen Versicherungsgesellschaft. Darum denken wir, dass Sie anderen Vätern einige wertvolle Tipps geben können. Sagen Sie uns, was Sie selbst für die Vorsorge Ihrer Kinder getan haben?

Jan Vaterrodt: Wenn es um die Zukunft meiner Kinder geht, möchte ich auf „Nummer sicher“ gehen. Die AachenMünchener hat eine mehr als 180-jährige Erfahrung im Versicherungsgeschäft. Das schafft Vertrauen. Kinder groß zu ziehen, kostet nun einmal Geld. Und genau dafür ist das Modell JUNIOR AKTIV entwickelt worden. Ich habe es für jedes Kind abgeschlossen.

Redaktion: Und wie genau sieht dieses Modell aus?

Jan Vaterrodt: Mit JUNIOR AKTIV kann Kapital für den Start ins Erwachsenenleben angespart werden. Flexibilität ist hier das Zauberwort. Die Auszahlungen aus der fondsgebundenen Rentenversicherung können optimal an die Bedürfnisse des Kindes angepasst werden. Man kann zum Beispiel mit 17 Jahren eine Auszahlung von 1000 Euro für den Führerschein einplanen, mit 18 Jahren einen Betrag zur Finanzierung des Studiums, einen weiteren Betrag zur Finanzierung der ersten Wohnung und so weiter. Mit einer Rentenzahlung schützt das Modell meine Kinder außerdem vor den finanziellen Folgen einer „Schulunfähigkeit" aufgrund einer Krankheit oder eines Unfalls.

Und wenn nichts passiert, kann der Invaliditätsschutz später in eine Berufsunfähigkeitsabsicherung umgetauscht werden – und das ohne neue Gesundheitsprüfung. JUNIOR AKTIV bekommt man schon für einen kleinen Teil des monatlichen Kindergeldes! Ich weiß, dass ich meine Kinder damit optimal abgesichert und für ihre Zukunft vorgesorgt habe. Es ist ein gutes Gefühl, ein Stück Verantwortung abgeben zu können.

Redaktion: Herr Dr. Vaterrodt, vielen Dank für das Gespräch.

JUNIOR AKTIV

- Bis zu acht vorgezogene Auszahlungen – passgenau in Höhe und Auszahlungszeitpunkt
- Bis zu 1.500 € mtl. Rente bei „Schulunfähigkeit", Erwerbsunfähigkeit oder Pflegebedürftigkeit
- Rendite durch Anlage der Sparbeiträge in Fonds renommierter Gesellschaften
- Komfortable Beitragszahlung
- „Belohnungsoption" durch Sondereinzahlungen
- Umtausch des Invaliditätsschutzes in eine Berufsunfähigkeitsabsicherung ohne neue Gesundheitsprüfung möglich
- Keine Besteuerung der Erträge während der Ansparphase

Verantwortung für Kinder auf viele Schultern zu verteilen, bedeutet nicht, sich vor Verantwortung zu drücken. Im Gegenteil zeigt die Menschheitsgeschichte, wie vorteilhaft es ist, wenn viele Bezugspersonen, Mentoren, Paten und Gemeinschaften an einem Strang ziehen.

Nützliches im Netz

Herrje, wo ist denn nur wieder der Artikel mit den tollen Ideen für Kinderfeste, der doch ganz sicher in der blauen Schachtel auf dem Schreibtisch war? Seit Monaten schlummert er an diesem vermeintlich sicheren Ort und jetzt endlich soll er mithelfen, dem Nachwuchs einen unvergesslichen Geburtstag zu bescheren. Nur... der Zeitungsausschnitt bleibt unauffindbar!

Väter sind ja allwissend. Das scheint ein ungeschriebenes Gesetz zu sein. Nur sollte das Wissen auch mit den Ansprüchen der Kinder mithalten können. Aber der Vorrat an unerschöpflicher Weisheit muss hin und wieder auf den aktuellen Stand gebracht werden. Ganz geheim, versteht sich.

Wenn alle schon schlafen, schleicht sich Papa katzengleich an den Computer und lädt geschwind sein Wissen auf. Er muss das Rad ja nicht neu erfinden, kann stattdessen von den Erfahrungen anderer lernen. Denn dank Internet gibt es hilfreiche Heinzelmännchen, die mit Rat und Tat zur Seite stehen.

Noch Fragen?

Gerade wenn es schnell gehen soll, ist es praktisch zu wissen, wo man suchen kann. Eine gut sortierte Adresse für Fragen rund um das Familienleben ist das Familienportal www.familie.de, sozusagen ein Auskunftsbüro, das rund um die Uhr geöffnet hat. Die Inhalte kommen aus den Redaktionen der Familienzeitschriften, die bei Family Media erscheinen.

Aktuelle Erziehungsfragen, die gerne mal zu partnerschaftlichen Kontroversen führen, werden ausführlich erklärt und diskutiert. Wissen Sie zum Beispiel, was die Triple-P-Erziehungsmethode ist? Unter der Rubrik „Eltern" sind auch Artikel speziell zu Väterfragen zu finden. Und die Erfahrungsberichte anderer Eltern vermitteln die entspannende Gewissheit, dass es bei anderen ebenso zugeht wie in der eigenen Familie...

Neben Tipps rund um den Alltag mit Kindern lassen sich in diesem Forum Ideen und Ratschläge finden zu den Themen Gesundheit, Ernährung, Wissen, Fitness und Schönheit, Medien und Spielsachen – interaktiv, informativ, aktuell und leicht verständlich. Für Kinder gibt es mit „Kids & Co." eine virtuelle Spielecke mit spannendem Wissenslabor. Gemeinsam können Papa und Kind beispielsweise erkunden, ob Sterne Zacken haben und woher die Wolken kommen.

Die übersichtlich gestalteten Seiten laden zum Stöbern ein. Dem aufmerksamen User fällt unvermutet so mancher interessante Tipp ins Auge. Und dank der zahlreichen Spielideen ist auch der Kindergeburtstag gerettet.

familie.de

Weitere Links

www.adac.de Tipps rund um Kindersicherheit im Auto; Reise- und Ausflugsideen; Camping-Service; Rennsport-Termine, Oldtimerveranstaltungen und -museen

www.adfc.de Tipps zu Radtouren und -ausstattung, Veranstaltungshinweise, z. B. Sicherheitstrainings, MTB-Camps

www.arillus.de Veranstalter von Vater-Kind-Wochenenden mit Fokus auf erlebnisorientierter Naturerfahrung in der Gemeinschaft

www.beruf-und-familie.de Ziel der berufundfamilie gGmbH, einer Initiative der Gemeinnützigen Hertie-Stiftung, ist die Förderung einer familienbewussten Personalpolitik in Unternehmen und Institutionen, z. B. durch ein sog. „audit"; umfangreiche Infothek

www.bmfsfj.de Informationen des Bundesfamilienministeriums, z. B. zur Elternzeit

www.familienhandbuch.de Nachschlagewerk zu vielfältigen Themen der Kindererziehung, Partnerschaft und Familienbildung, herausgegeben vom Staatsinstitut für Frühpädagogik in München

www.holidaycheck.de TÜV-geprüftes Verbraucherportal mit Hotelbewertungen von Familien für Familien; eine vom Mehr Zeit für Kinder e.V. unterstützte Orientierungshilfe verweist auf empfehlenswerte Unterkünfte

www.papaliste.de Unkonventionelles Forum mit Linkliste zu Väter- und Familienseiten, Büchertipps etc. rund um das Vaterwerden und Vatersein

www.paps.de Internetpräsenz des Paps e.V.; Serviceseiten, Meinungen und Archivbeiträge für Väter

www.sh-familie.de Viele Informationen zu familienfreundlichen Urlaubszielen in Schleswig-Holstein

www.switchboard-online.de Online-Präsenz der gleichnamigen Zeitschrift für Männer und Jungenarbeit; umfangreiche Terminübersicht

www.teilzeit-info.de Infos und Tipps des Bundesministeriums für Arbeit und Soziales; mit Teilzeitrechner zur Errechnung des Gehalts nach Arbeitszeitreduzierung

www.vaeter.de Internetplattform und Online-Beratung für Väter und Männer, die Familie und Beruf besser vereinbaren möchten

www.vaeteraufbruch.de Hinweise und Beiträge des Väteraufbruch für Kinder e.V.; Hauptanliegen ist die Aufrechterhaltung der Beziehung der Kinder zu beiden Elternteilen nach Trennung oder Scheidung; „Betten für Eltern"

www.vaeterexpertennetz.de Tipps, Termine und aktuelle Meldungen des VEND e.V.; er will die Erziehungskompetenz von Vätern in der Familie und die Gleichberechtigung von Männern und Frauen fördern

www.vaetershop.de Bücher, Hörmedien etc. für und über Väter

www.vater-kind-kur.de Informationsforum zu Kuraufenthalten von Vätern mit Kindern

www.vatersein.de Chatforum für Meinungs- und Erfahrungsaustausch zu Trennung, Scheidung, Unterhaltszahlungen etc.

www.vaterwerden-vatersein.de Online-Forum zu Projekten rund um Väter-, Familien- und Genderfragen; umfangreiche „Papa-Bücherliste" mit hilfreichen Detailinfos

Literaturhinweise

Dammasch, Frank;
Metzger, Hans-Geert
Die Bedeutung des Vaters
Brandes & Apsel, 2006

Drews, Gerald
Praktische Anleitung für Wochenendväter: Trotz Trennung Vater bleiben
Vgs Verlagsges., 2001

Fthenakis, Wassilios;
Textor, Martin (Hrsg.)
Knaurs Handbuch Familie, 2004

Friesen, Astrid von
So haben wir das nicht gewollt.
Ellert & Richter, 2006

Gebauer, Karl
Väter gesucht
Walter Verlag, 2003

Gotzen-Beek, Betina;
Scheffler, Ursel
Von Papa lass ich mich nicht scheiden!
Ravensburger Buchverlag, 2002

Hofmann-Wellenhof, Gottfried
Bleib kuhl, Papa!
Styria, 2005

Ionesco, Eugène;
Bußhoff, Katharina
Josette und ihr Papa
Sauerländer, 2005

Jäckel, Karin
Mein Kind gehört auch zu mir
Beltz, 2003

LeCamus, Jean
Väter
Beltz, 2003

Norac, Carl; Godon, Ingrid
Mein Papa ist ein Riese
Carlsen Verlag, 2004

Richter, Robert; Schäfer, Eberhard
Das Papa-Handbuch
Gräfe & Unzer, 2005

Rogge, Jan-Uwe
Der große Erziehungsberater
Rowohlt, 2005

Rohner-Dobler, Felix
Familien brauchen Väter
Kösel, 2006

Ruhl, Ralf
Kinder machen Männer stark.
Vater werden – Vater sein
Rowohlt Tb, 2000

Schlenz, Kester
Bekenntnisse eines Säuglings
Mosaik bei Goldmann, 2006

Spitzer, Manfred
Vorsicht Bildschirm!
Ernst Klett Verlag, 2005

Verlinden, Martin; Kübel, Anke
Väter im Kindergarten
Beltz Verlag, 2005

Mit Kindern unterwegs, 26 Bände zu meist deutschen Regionen und Städten
Verlag Fleischhauer und Spohn